JN017713

鴻上尚史の もっと ほがらか人生相談

息苦しい「世間」を
楽に生きる処方箋

鴻上尚史

朝日新聞出版

\もっと/鴻上尚史の ほがらか人生相談

息苦しい「世間」を楽に生きる処方箋

目次

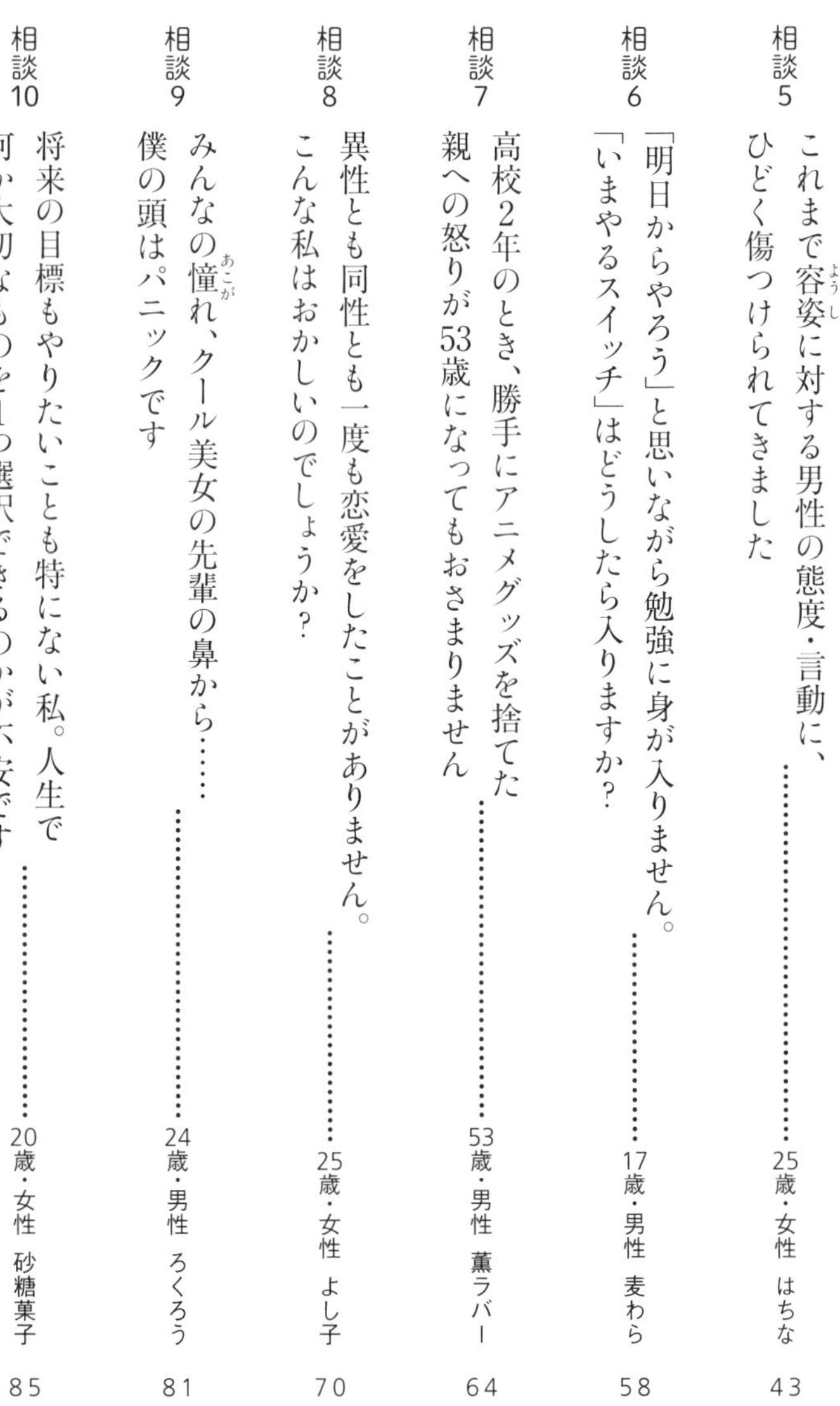

相談1

母の彼氏が嫌いです。私に彼を受け入れてほしいと願っている母に、どう関わっていけばいいでしょうか

22歳・女性　一合

私は一人っ子で親は母のみです。現在は実家から離れ大学に通っています。

母と母の彼氏との関係に悩んでおります。

実の父は私が物心つく前に離婚しており、それからはある男の人と母と3人で暮らしていましたが、様々な理由により母はその人と別れ、小学校中学年ごろに母と母の実家へと戻りました。

生活が始まってから直ぐ、母には昔の同級生だったという彼氏が出来ました（以下K氏）。K氏には私と同い年の息子と一つ下の息子がおり、K氏家族と出掛けたりなどして、母とK氏は付き合い始めたんだなと子供ながらに理解をしていました。初めは寂しかったということもありK氏家族と関わることは嬉しかったです。しかし、K

氏の性格や、K氏が目の前で母の体を触ったり、家族で宿泊した先で性的なことを行っているということに感づき、嫌悪するようになりました。K氏の息子にもそれぞれ食べ方が汚いなどと、嫌だと思う面を多々感じてしまい、K氏家族との関わりが生理的に無理になっておりました。また、思春期には周囲から母とK氏が付き合っていることを揶揄されることも大変嫌で、中学に上がる頃にはK氏家族との関わりを拒否するようになっていました。

それからも母とK氏の関係は続いていました。しかし私は、運動会で母親の彼氏の家族と弁当を囲まなくてはいけないことも、習い事で母が友人の保護者とではなくK氏とくっついて見守っていることも、私を置いて母がK氏と出掛けるのも嫌でした。過去に私がK氏の息子に嫌がらせをしたことで今でもK氏に文句を言われると母に言われた時、私のこの気持ちはどうでもよく、K氏家族の方が大切なんだなと分かりました。それからは進学を機に、地元をできるだけ離れK氏家族と関わらず、母とK氏家族の話をしないことで避けていました。

しかし、問題が起こりました。この春私は就職をします。その際の引越しをK氏が手伝うと言っている、と母が言ってきたのです。人に手伝ってもらえることが有難いことも私と母の苦労が軽減することも分かっています。しかし、これから自分で稼ぎ生きていくスタート地点で、生理的に無理なK氏に一切関わって欲しくはありませんでした。また、私がここまで嫌悪していることを母は理解してくれていると思っていただけに、この提案をされたことがとても悲しくなりました。

今までK氏と関わることが嫌だとはっきりと言葉に出さなかったことを後悔し続けてきていたために、この提案は嫌であると伝えました。新しい生活の始まりに惨めで悲しくてしんどい思いはしたくない、その嫌な感情は我慢できないが貴方達に当たることはしたくないと。母からの返事は、「惨めな思いをするのは私とKでしょ」でした。この言葉に返事ができず、これから母とどのように関わっていけばいいのか分からず悩んでおります。

片親が1人の子供を育てる大変さを少しは分かっているつもりです。なかなか周囲に相談することが難しいことも、金銭面の工面も、誰かがそばで支えてくれたらどれだけ心強いのかも分かっています。その大変な中でずっと一緒にいたK氏は母にとって、とても大切な人なのだろうと思います。でも、やはり私はK氏家族が無理なのです。

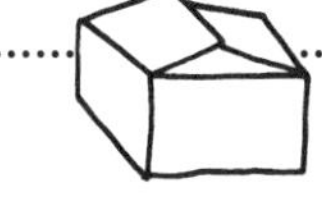

私はK氏と母の提案を受け入れるべきだったのでしょうか。今後、母とどのように向き合っていったらいいのでしょうか。何かお言葉を頂けると嬉しいです。

…………

一合さん。よくがんばりましたね。あなたはとても聡明（そうめい）な人です。K氏との関係をこじらすと、十代に、グレたり家出したりしたかもしれません。

でも、ちゃんと、母とK氏を分けて、大学進学を機会に家を出たのは、とても賢明な選択だったと思います。

「今までK氏と関わることが嫌だとはっきりと言葉に出さなかったことを後悔し続けてきていた」と一合さんは書かれていますが、母親は気付いていたと思いますよ。気持ちは態度に出ます。一合さんが、K氏をよく思ってないことを母親はよう〜く分かっていたと思います。

だからこそ、大学進学のために家を出ることを許したんじゃないでしょうか。

そして、一合さんが社会人になる機会に、K氏と打ち解けて欲しいと思って、引越しの提案をしたのだと思います。22歳で、社会に出るのだから、大人同士のつきあいを夢見たのでしょう。

でもね、それは母親の事情であって、一合さんの事情ではありません。22歳で社会人になるからこそ、一合さんは自分の判断に自信を持っていいのです。K氏と母の提案を受け入れなくてかまいません。母とは、今まで通り、K氏と関係のない形でつきあえばいいのです。

母と二人なら、食事もするし、遊びにも行く。でも、K氏が一緒なら会わない、でいいと思います。

何かを手に入れるということは、何かを手放すということだと思っています。残念ながら、何も失わないまま、大切なものを手に入れることはできないと僕は思っているのです。

あなたのお母さんは、K氏という大切な人を得たのです。だからといって、あなたを失うことはありませんが、K氏とあなたの友好な関係までを手に入れようとするのは、難しいと思います。

一合さんも、自立した生活を手に入れたのです。K氏と仲良くして欲しいという母の願いを手放すしかないと思います。だからといって、母まで手放すことはないのです。

母と二人で話している時は、母の笑顔を手に入れられるでしょう。でも、母がK氏を呼ぼうとした時は、母の笑顔を手放す決心をするのです。

「惨めな思いをするのは私とKでしょ」という言葉に対しての答えは、「私もまた惨めな思いをするの。誰が一番、惨めな思いをしているかは、誰にも分からない。きっと、三人とも自分が一番、惨めな思いをしていると感じている」です。

もし、お母さんが「どうしてK氏と会えないの!?」と強く迫ってくることがあったら、「ごめん。今はまだ無理。将来、どうなるか分からないけれど、本当に今は無理。母さんが好きになった人を好きになりたいと、頭では思っているんだけど、どうしても好きになれないし、話したくない。だから、5年か10年か分からないけれど、時間を下さい。未来のことは、自分で

も分からないから」と答えておくのはどうでしょう。

一合さんの人生は、今から始まるのです。社会人になれば、大学生活とは比べ物にならないぐらいハードな毎日が待っていると思います。

やがて、母とＫ氏の問題より、もっと大切な自分自身の問題にも出合うでしょう。母との関係に悩んでいる場合ではなくなります。

それは、一合さんが自分の人生を歩み始めたということなのです。

相談2

隠居後、孤独で寂しくてたまらず、風呂に入っていると涙が出てきます

66歳・男性　有閑人

定年退職、嘱託を経て、今年から本格的に隠居生活に入った66歳です。隠居したら、今まであまり会っていなかった弟たち（弟が2人と妹が1人います）とも食事をしたり、妻とも旅行をしたり、のんびりしようと考えていました。しかし、いざ弟たちに連絡しても忙しいからと何度も断られました。ちょっとおかしいと思い、妹に連絡したら「お兄さん、気づいてないの？　みんなお兄さんが煙たくて、距離とっているんだよ」と。寝耳に水でした。妹によれば、私が長男で母から優遇されすぎたし、弟たちの学歴や会社をバカにしてたのが態度に出すぎてた、というのです。たしかに私は兄弟のなかでも学歴も会社も一番上で、母の自慢でした。弟たちをみて、不甲斐ないと思ったこともありましたが、それは私が努力したからです。弟たちにとって私は自

慢の兄だろうと思ってきました。弟たちの不甲斐なさをちょっとからかったこともありましたが、兄弟のことです。

思い切って弟に直接電話してたしかめると「姉ちゃんに聞いたんならわかるだろう。兄貴と呑(の)んでもえばった上司と話しているみたいで酔えんから」とつれない返事でした。結局、妻も「旅行は友達と行ったほうが楽しいから」と、私と行こうとはしてくれません。

弟たちの僻(ひが)みも、家族のためにと頑張って出世して養ってきた私に薄情(はくじょう)な妻にも、許せないという気持ちでいっときは怒りでいっぱいになりました。妻が外出しようとしたとき、「食事ぐらい作ってからいけ」と怒鳴ってしまったこともあります。後悔して自己嫌悪(けんお)になりましたが、後の始末です。妻とはさらに距離ができてしまいました。

誰にも言えませんが、最近、風呂に入っていると涙が出てきます。弟たちのことだけでなく、振り返ればとくに心を割って話せる友人もいないことに今さら気づきました。

どうやってこの後の人生を過ごしていいか、お恥ずかしいですが、孤独で、寂しくてたまりません。

いまさら、私はこれからのありあまる時間を、どうしたらいいのでしょうか。どうしたら、弟たちと仲良くできるのでしょうか。楽しい人づきあいのコツはなんなのか全くわかりません。解決法が浮かばず、途方に暮れています。


…………………


有閑人さん。よく、相談してくれました。立派な学歴と優良な会社に勤めた有閑人さんにとって、自分が弟・妹・妻にうとんじられている、ということを認め、お風呂で泣いていることを告白するのは、とても勇気がいったでしょう。

1冊目の『ほがらか人生相談』相談24で、親身に相談に乗っているつもりだった友人から、「いつも上から目線だった」と言われて、絶交されて落ち込んでいる女性の相談に答えました。

自分では世話好きだと思っている女性には、じつはありがちなことだと思っています。相手のことを思っているつもりで、自分の考えを無意識に押しつけている場合です。

そして、男性は、有閑人さんのケースが多いと思っています。

女性のようにあれこれと世話をするのではなく、「もっとガンバレ」と説教・激励・指導するパターンです。

勝ち組とまで言わなくても、自分がちゃんとやってきたとそれなりの自信を持っている男性に、この傾向が強いです（女性の場合は、じつは、自分に自信のない人の方が自分の意見を押しつける傾向が強くなると、僕は思っています）。

もちろん、自分はよかれと思ってアドバイスします。女性の場合は、あれこれと相談に乗ったり、色々と世話をしますが、男性の場合は、ただ教訓を語ったり、アドバイスしたり、説教するだけの場合が多いです。だいたいは、ふがいないと怒ったり、強く注意するのです。

根拠は、「自分はちゃんとやってきた」ということですね。自分がちゃんとできたんだから、あなたもしなさい。自分はがんばって努力したから、あなたも努力しなさい。きっとできるはずだ、それができないのは、あなたの努力が足らないからだ、という思考の流れです。

でもね、有閑人さん。がんばってもできないことはたくさんあるのです。

僕は小学校から、跳び箱とマット運動、鉄棒が苦手でした。「蹴上がり」という鉄棒の技が、体育の課題に出て、三週間ほど放課後、毎日練習しました。奇跡的に何回か成功しましたが、体育のテストの時はできませんでした。

体育の先生は「努力が足らない」と怒りましたが、僕は毎日、1時間は鉄棒にしがみついていました。

「蹴上がり」を楽々と成功させたクラスメイトは、まったく練習なんてしていませんでした。ただ、生来の運動能力の高さとクラブ活動で鍛えた筋肉が、なんの努力もしないで「蹴上がり」を成功させたのです。

人間には向き、不向きがあって、僕はいまだに数字の計算が苦手で、でも本を読んだり文章を書いたりするのは大好きです。

有閑人さんは、「努力していい大学に行くこと」「立派な会社に勤めること」「仕事で結果を出すこと」という価値観で生きてきたのでしょう。そして、その価値観から見て、「努力してない人」「ふがいない人」「能力の足らない人」にアドバイスをしたくてたまらなくなるのだと思います。

でも、それはその価値観だけの基準です。

有閑人さんは、例えば、釣りをしますか？　有閑人さんに、兄がいて、釣りの名人で、毎週末、一緒に釣りに行ったとします。そして、有閑人さんの餌のつけ方、竿の振り方、リールの巻き上げ方などに対して、いちいち、注意し続けたとしたらどうですか？　楽しいですか？

間違いなく、「自分はなんのために、兄と一緒に釣りをしてるんだろう」と疑問に思うんじゃないでしょうか？

そこで、兄が有閑人さんの釣りの腕をバカにした後、有閑人さんのように「弟たちの不甲斐なさをちょっとからかったこともありましたが、兄弟のことです」と言ったとしたら、納得しますか？　兄弟だから、ということで許されるとは思わないと感じませんか？

「釣りと仕事は違う」と思いましたか？　でも、価値観は人それぞれです。仕事より釣りが大切な人は、『釣りバカ日誌』のハマちゃんをはじめ、たくさんいます。

もちろん、釣り以外で、仕事や出世より大切なものがある人はたくさんいます。家族だったり、趣味だったり、食べ物だったり。価値観はひとつではないのです。

そして、もうひとつ。仕事が一番大切だと思っているのに、その結果がうまく出ない人も普通にいます。人間には、向き、不向きがあるのです。

毎年、高校野球ではユニフォームを着たまま、ベンチではなく、応援席で叫び続ける野球部員がたくさんいます。彼らは、努力をしなかったのか。練習に手を抜いたのか。そんなことはないはずです。彼らも死に物狂いの努力をしたはずです。でも、力が及ばないことは普通にあるのです。彼らに向かって「ふがいない」とか「もっと努力しろ」「ベンチ入りできないお前は恥ずかしい」とは口が裂けても言えないと僕は思っています。本人が自分自身を責めることはあっても、他人が口にする言葉ではないのです。

世間的な評価が低い会社に就職したことが嫌だとしても、それを責める資格があるのは、勤めている弟さん本人であって、兄ではないのです。

さて、有閑人さん。有閑人さんは、自分の価値観を強く信じ、それを周りに対して、意識的にも無意識的にも押しつけてきた、それが、弟・妹・妻があなたを避ける原因になっている、ということは、なんとなく分かってもらえたでしょうか。

でね、有閑人さん。「どうしたら、弟たちと仲良くできるのでしょうか」と書かれていますが、有閑人さんは66歳ですから、弟・妹さんがいくつであれ、たぶん、最長50年以上、そういう関係だった可能性があります。奥さんとも、最長で40年前後ですか。

この長い時間で、彼ら、彼女らには、有閑人さんのイメージがしっかりと出来上がっていますから、関係を変えるのは、かなり困難だと思います。何度か会って「今まで、偉そうにして本当にすまなかった」とか「お前たちを見下したような言い方をして反省している」と言っても、相手はちゃんと受け止めてくれないと思います。

僕のアドバイスは、「まずは、対等な人間関係を学習しませんか？」ということです。

弟・妹さんと仲良くすることは、いったん、あきらめて、他に人間関係を作るのです。見下すことも、見下されることもない関係の先に、有閑人さんが求める「心を割って話せる友人」が生まれる可能性があるのです。

友人探しには、インターネットに感謝しましょう。趣味のサークルや地域のボランティアサークルが簡単に見つかるはずです。

思い切って、そこに飛び込むのです。

僕に「お風呂の中で泣いている」という勇気ある告白をした有閑人さんですから、

できるはずです。

何でもいいのです。興味はあとからついて来るはずです。釣りでも絵画でも社交ダンスでも山登りでもボランティアでも演劇でも読書クラブでも。

ただし、そこで有閑人さんは、「だらしない人」「努力しない人」「ふがいない人」と間違いなく出会います。

有閑人さんは、アドバイスしたくてムズムズするはずです。「どうして周りの人は言わないんだろう」「ちょっと努力するだけで、ずいぶん変わるのに」と。

でも、決して自分からは、相手にアドバイスしないこと。

「それがこの人の生き方なんだ」と思って、言葉をぐっとのみ込むこと。そこで、「あなたはこういう点がダメで〜」と言い始めたら、間違いなく弟・妹さんと同じ関係になります。

「だらしない人」「努力しない人」というのは、有閑人さんからの見方でしかない、自分の価値観でしかない、それを他人に押しつけてはいけないと、肝に銘じましょう。「業界の最大ではなく最高を目指す」が目標という会社があります。最大は数字ですから基準は明確ですが、最高は、人によって違うでしょう。本人が何を最高と思うかは、まったく違うと魂にまで刻み込んで下さい。そうすれば、簡単に「もっと努力しなさい」と言えないと思います。

奥さんとは、慎重に会話しながら、「無意識に自分の価値観を押しつけてないか」とチェックしてみて下さい。「家族のためにと頑張って出世して養ってきた」という意識が、奥さんに対しての上から目線になります。これは、有閑人さんからの見方ですからね。

奥さんは、必死で有閑人さんを支えてきたのかもしれません。でも、有閑人さんが、それを当然のこととし、自分が「養ってきた」と思っていると感じたら、やはり、弟・妹さんと同じように、一緒にいたくないと思うでしょう。

ちょうど、釣りがものすごくうまくなっても、兄が「俺が教えた」「俺が指導した」と言い続けていたら、絶対に一緒に釣りには行きたくないのと同じです。

でも、奥さんは、有閑人さんの変化を一番、敏感に感じます。なにせ、一緒に暮らしていますからね。

有閑人さんが何かのサークルか集団に入り、そこで「対等な人間関係」を学び、人間の弱さやずるさ、バカさを含めて、「それが人間なんだ」と肯定的に接するようになったら、奥さんは何かを感じるはずです。

大丈夫。奥さんに怒鳴った後、ちゃんと自己嫌悪を感じる有閑人さんなら変われるはずです。

えっ？　もう66歳だから、変わるには遅すぎると思う？　1冊目の『ほがらか人生相談』相談25で、僕が書いた「前向きになる」方法は読んでないですか？

「自分は、10年先から戻ってきたと思う」

というものです。

有閑人さんは、本当は76歳なのに、奇跡が起こったか、タイムマシンの魔法か、とにかく10年、時間が戻って今、66歳になった、と考えるのです。

どうですか？　66歳を嘆(なげ)く気持ちから、可能性を感じる気持ちになりませんか？

66歳は決して、遅くありません。会社という価値観を外れたことで、有閑人さんは新しい人生をスタートさせたのです。新しい価値観と出会うことは、とてもワクワクすることです。

今までの価値観にしがみつかず、新しい出会いに飛び込んで下さい。

対等な人間関係はものすごく楽しいですよ！

相談3

すぐにリツイートやいいねの数を比べてしまい、そのたびにひどい嫉妬心にかられてしまいます

29歳・女性　ななみ

他人に嫉妬ばかりしてしまいます。

29歳の独身女性です。すぐに人と自分を比べてしまう癖があり、そのたびにひどい嫉妬心にかられてしまいます。私自身は仕事があり、週に1、2回程度会う友人もいて、それなりに楽しいこともあり恵まれているほうだとはわかっています。ですが、どうしても自分に自信を持つことができません。SNSでさえもすぐにリツイートの数やいいねの数を比べてしまい、ひとりで勝手に悲しく惨めな気持ちになってしまうんです。

私の両親は複雑な事情があり、つらいことや悲しい思いがたくさんありました。周りの友人の家庭の話を聞いては、「どうして私の家は違うのだろう」と涙したことも

数え切れないほどあります。

そんな生まれも関係しているのでしょうか。この先の人生、ずっとこの嫉妬心を抱(かか)えていかなければならないのかと思うと悲しいです。

どうすれば人と比べることをやめ、自分の幸せに目を向けることができるのでしょうか。


ななみさん、そうですか。他人に嫉妬ばかりしていますか？　それで、ななみさんは、どういう状態になりますか？　嫉妬した相手を憎(にく)みますか？　大嫌いになりますか？　ＳＮＳで楽しそうな写真を見たら、嫉妬の炎に燃えて、微笑(ほほえ)んでいる友人達が許せなくなりますか？

リツイートの数やいいねの数で負けたら、相手にいちゃもんをぶつけますか？　匿(とく)名(めい)で非難中傷を書き込みますか？

どうですか？

どうも、ななみさんは、そういう状態ではないような気がします。

ななみさんは、「リツイートの数やいいねの数を比べてしまい、ひとりで勝手に悲しく惨めな気持ちになってしまうんです」と書かれています。

これは、「嫉妬」ではなく「不安」とか「自信のなさ」という感情じゃないでしょうか。比べた相手を攻撃するのではなく、自分自身を責めるのは、自分に対する「自信のなさ」のような気がします。

ななみさんも、自分で「どうしても自分に自信を持つことができません」と書かれていますね。

「他人に嫉妬ばかりしてしまう」人は、その苛立ちや怒りを他人にぶつけます。うらやましいと感じる相手を憎み、なんとか引きずり下ろそうとし、イジワルをしたり、ネットにいろいろ書き込んだりして、その人の評価や好感度が落ちることを願います。

ななみさんの相談には、嫉妬心から生まれる憎しみとか嫌悪に対する怯えは感じられません。もちろん、激しい嫉妬心を持って、その結果、自己嫌悪になるということはあります。でも、ななみさんの文章からは、そういう激しさより、弱さを感じます。

自分に全然自信がないから、周りをとてもうらやましく感じ、それを嫉妬と呼んでいると僕には思えるのです。

とすれば、(間違っていたらごめんなさい。ななみさんが毎日、嫉妬に狂い、殺したい相手や攻撃したい相手がたくさんいる場合は、以下の文章は意味がなくなります。その場合は、あらためて、また連絡して下さい）とすれば、問題は「嫉妬」ではなく、「不安」や「自信のなさ」ということになります。

ならば、自信を持つことで、嫉妬はおさまるように思えます（本当に嫉妬に振り回されている人は、通常レベルの自信はあると思えます。白雪姫の美しさに嫉妬して殺そうとした女王は、それなりに自分自身に対して自信がありました。同期の出世に激しく嫉妬するサラリーマンは、自信がないわけではないでしょう）。

自信は、なかなか、持つことは難しいです。

自信とは、根拠のないものです。何をしても、絶対ということはないからです。

僕は一度、スターと呼ばれる人と話している時、「いつまでこの仕事が続くか分からないし」と本気で言っている言葉に驚きました。誰が見ても、日本のスター俳優なのに、それでも、絶対という保証はないんだと驚きました。

確かに、今の仕事がずっと続くという１００％の根拠はありません。

ずっと愛される保証も、ずっと商品が売れ続ける保証も、ずっとお客さんが入るという保証も、ずっと勝ち続ける保証も、ずっと作物が実るという保証も、絶対というレベルで見れば、ないのです。

それでも、多くの人が生きていけるのは、「根拠のない自信」があるからです。よく言われるように、幼い時に無条件で愛された子供は「根拠のない自信」を持つことができます。何もしなくてもちゃんと愛されると、生きることに楽観できます。それは、「根拠のない自信」を生むのです。

ななみさんは「私の両親は複雑な事情があり、つらいことや悲しい思いがたくさんありました」と書かれています。ひょっとしたら、「自信のなさ」は、ここらへんに理由があるのかもしれないと思います。

と言って、だから自信を持つのは手遅れだと言っているのではありません。ちゃんと愛されて「根拠のない自信」を根底に持っている人はラッキーですが、そうでない人は、小さな「勝ち味（あじ）」を積み重ねて、「とりあえずの自信」を身につけるのです。

ななみさんは、「仕事」「週に1、2回程度会う友人」「それなりに楽しいこと」があり、恵まれていると書かれていますが、それらから、ちゃんと「勝ち味」を感じていますか？

「成功体験」と言ってもいいし、「人からほめられること」「人に頼られること」と言ってもいいです。ちゃんと、ななみさんの存在を肯定してくれる言葉や評価を得ていますか？

ちょっとしたことでいいのです。「勝ち味」は、「ななみさん、ありがとう」とか「ななみさんに手伝ってもらえて嬉しい」「ななみさんに教えてもらった喫茶店のコーヒーが美味しい」なんて小さな評価の積み重ねで充分なのです。

その積み重ねが、自分の人生に価値があるはずだという「根拠のない自信」を生むのです。

ただ仕事があるだけで、ただ友達と話すだけで、ただ気を紛らす楽しいことがあるだけでは、「勝ち味」は重なっていきません。

ななみさん、どうですか？

まず、本当に「嫉妬」なのか、それとも、僕が言う「自信のなさ」なのか、確認してみて下さい。

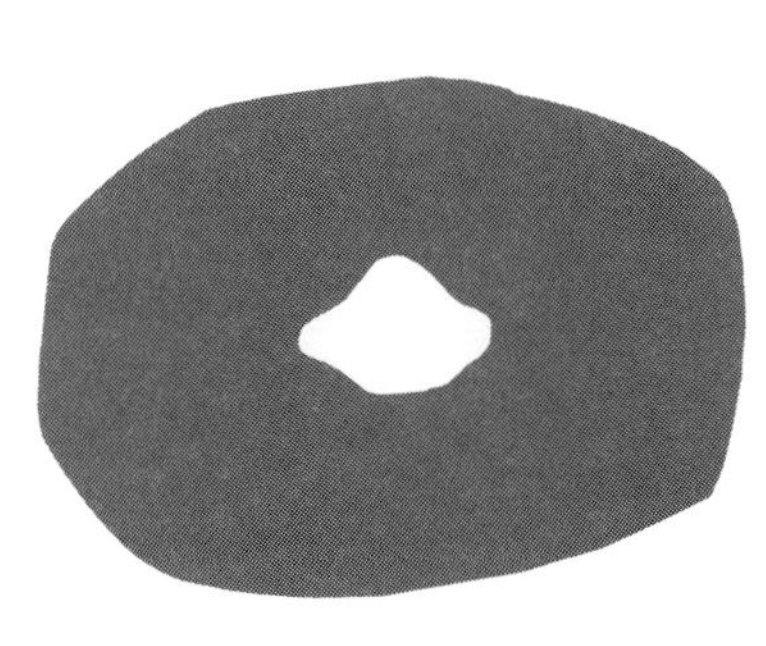

そして、もし、「自信のなさ」ならば、小さな「勝ち味」を重ねていきましょう。

週に一、二度会う友達なら、思い切って「私のいいところと悪いところ、教えてくれない？」と聞いてみて下さい。

仕事で否定的な評価しかもらえず、勝ち味を味わえないようなら、どうしたら肯定的な評価をもらえるか考えましょう。どうしても、だめなようなら、仕事そのものを考え直しましょう。

自分の勝ち味につながる楽しいことを増やしましょう。

自分で自分を肯定できることです。「～ができた」「～が得意になった」「～の資格を取った」「～のツウになった」……そうやって、自分で自分を肯定できることが増えていけば、それが「根拠のない自信」になるはずです。

そうすれば、やがて、他人と比べることが減り、嫉妬という感情からも楽になるはずです。焦（あせ）らず、ゆっくりと始めてみるのはどうでしょうか。

相談4

不機嫌(ふきげん)がコントロールできず、態度に出てしまい、「何で場の雰囲気を壊すんや」と旦那(だんな)に言われます

31歳・女性　あーこ

鴻上さんこんにちは。いつも楽しく、興味深く拝見しております。さて、相談なのですが、私は自分の機嫌を上手(うま)くコントロールできません。昔から不機嫌になるとすぐ態度に出てしまいます。私があからさまに不機嫌になるのは、親か旦那の前です。旦那とは結婚してもうすぐ4年です。子供が2人いて、最近では子供の前でもイライラしてしまいます。

「何で場の雰囲気を壊すんや」と旦那に何度か言われました。うまく自分の気持ちを伝えることができたらいいのですが……旦那は小学校の先生で、話すのも上手く、ストレートに分かりやすく物事を私に伝えてくれます。私は話が下手(へた)で、自信がなく、余計に自分の思いを話すのが恥ずかしくなります。その結果、腑(ふ)に落ちないことがあ

ると不機嫌な態度で表現してしまい、結果夫婦仲も冷えてきているように感じます。どう自分の不機嫌と付き合い、自分の気持ちを表現したら良いでしょうか。つたない文章ですみませんが、よろしくお願いします。

……………………

あーこさん。そうですか。自分の機嫌をうまくコントロールすることができないんですか。

「私があからさまに不機嫌になるのは、親か旦那の前です」……なるほど。親か旦那さんの前だとあからさまなんですね。ということは、他の人の前、例えば旦那さんのご両親の前とかだと、そこまでではないんですね。ということは……あーこさん、ちゃんとコントロールできてるじゃないですか！

義理のご両親の前だろうが、（あーこさんが働いているのなら）大切な取引相手だろうが、あからさまに不機嫌になるのなら、それは、「コントロールできない」ということです。でも、あーこさんは、自分の親と旦那さん、そして最近は子供の前だけで、あからさまに不機嫌なんでしょう？

それは、不機嫌をコントロールしているということです。

変な例えですが、無差別に人を襲ったと思われている人は「錯乱して何がなんだか分からなかった」と言うことが多いです。でも、よく調べてみると、襲ったのは、女性と子供ばかりだったりします。男性でも、自分より小さい人とか痩せている人です。つまり、錯乱していると言いながら、ちゃんと、「勝てそうな人」を選んでいるのです。的確な判断力がある状態を、錯乱とは言えないのです。

とんでもない例えでごめんなさい。でも、あーこさん、「昔から不機嫌になるとすぐ態度に」と書かれていますが、いつもいつも態度に出ましたか？　友達と先生の前だと、不機嫌の出し方、出方は違っていたんじゃないですか？

ですから、あーこさんは自分の不機嫌をちゃんとコントロールできているのです。できないという相談ではないのです。

では、どうして親や旦那さん、子供の前ではあからさまに不機嫌になってコントロールできなくなるんでしょう？

あーこさん、どうしてですか？

僕の考えを言いますね（本当は、じっくり考えてもらって、三日後とか一週間後に、以下の文章を読んで欲しいのですが）。

親や旦那さん、子供の前で不機嫌になるのは、「この場では、不機嫌でも大丈夫」という気持ちがあるからだと思います。

「ここは絶対に不機嫌になってはいけない」と思っていたら、あーこさんはちゃんとコントロールするはずです。

相手が受け入れてくれる、許されると思うから、感情は爆発するのです。

でも、同時に、この人にだけは分かってもらいたい、この人は分かってくれるはずだと思っていても、感情は爆発します。

取引相手に対しては、丁寧で我慢強くタフな人が、身内の社員に対しては、横柄だったり感情的になることはよくあります。

それは、「身内だから受け入れてくれるはずだ」という甘えと同時に「身内にだけは分かってもらいたい」という期待があるからです。

日本語を話さない外国人が初めての取引相手とかだと、分かってもらえなくてもしかたがないと思えます。うまく相手に話が通じなくても、腑に落ちなくても、受け入れられます。そこでいちいち不機嫌になることはないでしょう。

でも、お互いが通じ合った、理解しあっていると思っている、馴染みの取引相手だと、「こんなことも受け入れてくれないのか」「どうして話が通じないんだ」と不機嫌になるのです。

あーこさん。あーこさんが考える、親や旦那さん、子供の前で不機嫌になる理由はなんでしたか？

あーこさんの文章を読んで、「自分の自信のなさ」「自分の話の下手さ」という、自分に対する怒りも不機嫌の理由なのかと僕は想像しました。

相手が分かってくれないことへの怒り、この人にだけは理解してもらいたいという焦り、そして、うまく伝えられない自分自身への嫌悪。この三つが、不機嫌の理由なんじゃないかと思います。

でね、不機嫌をコントロールするというか、不機嫌にならない方法は、「分かりあうことが奇跡」と思うことだと僕は考えているのです。

親だろうが夫婦だろうが子供だろうが、基本的に「分かりあえない」という前提でつきあうのが大切だということです。

だからこそ、ちゃんと言葉を選ばないといけないし、言葉を尽くさないといけないし、会話することを諦めてはいけないと思っているのです。

そして、「分かりあえない」ということが前提だから、「分かりあった」瞬間は、本当に嬉しいのです。

人間が「分かりあう」ことが前提だと、少しでも分かりあえないと不機嫌になります。分かりあえてない状態が非常事態だからです。でも、「分かりあえない」状態が普通だと思えば、分かりあえてない状態は日常であり、スタートであっても、不機嫌になる状態ではないのです。

僕は、昔、喫茶店で近くに座っていたカップルの女性が、「どうして分かってくれないの！」と男性に向かって叫んだ瞬間を目撃しました。僕はその声にゾッとしました。

その声は、「恋人同士は分かりあうことが当り前なの。分かりあえてない今の状態は異常なの」という悲鳴と確信に満ちていました。

でも、恋人はどんなに愛し合っていても、考え方も生まれ育った状況も違うのです。つまりは、違う価値観に生きているのです。愛は価値観の違いを溶かしません。あいまいにできるのは、愛が燃え上がった初期の短い時間だけです。

そして、分かりあえない恋人同士が、分かりあう瞬間を共有するからこそ、本当に嬉しいのです。

子供と親も同じです。分かりあえないことが前提です。僕は、そんな風に考えることが、不機嫌をコントロールすることだと思っています。

旦那さんが小学校の先生だから、あーこさんは、よけい自分の話し方に自信がなくて、ダメだなと思うんですよね。でもね、そんな話の上手い旦那さんは、(自分に自信のない)あーこさんを選んだのです。それは、あーこさんに素敵なところがいっぱいあったからだと思いませんか?

あーこさんは、旦那さんの優れた話術にコンプレックスを感じています。では、例えば、旦那さんはあーこさんの料理の腕にコンプレックスを感じていますか?

それともあーこさんより、旦那さんは料理が上手いですか? もし、あーこさんが旦那さんより料理が上手くて、でも、旦那さんがある日「君の料理の上手さに僕はコンプレックスを感じている。僕はダメだ。自分に自信がない」と告白したら、なんて言いますか?

「だったら、練習したらいいじゃない。コンプレックスを感じるなんて意味がないと思うよ」と言いませんか?

そして、「あなたの魅力は、料理の下手さで減るものじゃない」と言いませんか？

料理が技術であるように、話し方も言葉の選び方も技術です。技術は、練習すればするほど間違いなく上達します。逆に言えば、練習しないと絶対に上手くなりません。「料理が下手だ！」と落ち込んだり、腹を立てたりする時間があるなら、とっとと作った方がいいと思いませんか？

話術も同じです。焦らず、慌（あわ）てず、少しずつ、自分の気持ちを言葉にする練習を続けて下さい。

間違いなく、楽になっていくはずですから。

相談5

これまで容姿に対する男性の態度・言動に、ひどく傷つけられてきました

25歳・女性　はちな

異性（男性）が苦手です。

大抵の男性は女性の容姿によって態度を変えますし、酷い人は容姿に関することを直接口にだして言ってきます。お世辞にも良いとは言えない容姿の私は、男性のそのような態度・行動にひどく傷つけられてきました。

そうした嫌な経験から男性と喋るときに「気持ち悪い」と思われているのではないかという被害妄想が膨らんでしまい、ひどく気疲れします。また女性の容姿に関する話を男性にされると（酷いときにはですが）思考がまとまらない、体が硬直する、勝手に涙が出てきて嗚咽してしまうなど、身体的にも反応が出ることもあります。

思春期はとうに過ぎているので、自分の容姿に対する諦めはついてきているのです

が、男性に対しての苦手意識だけは強く残ってしまいました。男性への上記のような過剰な反応によって仕事にも悪影響がでて困っています。また、残念なことに私の恋愛対象は男性なのです。

自分に似た子供が産まれたら可哀想なので結婚や出産は諦めているのですが、楽しそうに恋愛をしている友人達を見ているとせめて恋愛はしてみたい、と思うのです。これまでには告白されたこともあるのですが、男性に対する不信感が拭えず断ってしまいました。

容姿について男性に何か言われても過剰に反応したくない……一度恋愛をしてみたい……こうした願いを叶えるには男性に対する苦手意識をなくさなくてはいけないのでは、と考えています。しかし、どうしたらこの根強い苦手意識をなくせるのか見当もつきません。何かアドバイスをいただけないでしょうか。よろしくお願いいたします。

はちなさん。苦労していますね。確かに、無遠慮に女性の容姿のことを口にする男性は多いです。多くの男達は、自分のことを「見る性」だと思って、

女性を「見られる性」だと決めつけています。信じられないかもしれませんが、多くの男達は、「自分は見る側で、見られる側ではない」と思い込んでいるのです。

「見る性」は、通常、見るだけでは止まりません。見たら判断し、ジャッジし、評論し、からかい、揶揄し、断定します。

それが、見ることとワンパックになっている男性が多いのです。「見る性」でも、「黙って見る」とか「判断を心の中にしまっておく」とか「態度に表さない」とかできる男性は少ないんですね。

もちろん、最近は、オシャレで外見を気にする男性も増えました。そういう人達は、「見られる性」としても自分を意識しています。いつでもどこでも一日中、スマホの自撮りモードで髪形をチェックし続ける若い男性も増えてきましたからね。

でも、多くの男性は「見る性」として、意識的にも無意識的にも育ちますから、見ることが一番の関心事になります。つまりは、女性の外見が一番の関心事になるのです。

そうすると、どんなことが起こるかというと――。

僕は以前、映画や演劇のために子役のオーディションを何度かしたことがありました。未就学児から小学生、そして中学生、高校生までです。

会話をはずませて、場の雰囲気を和らげるために、「どんな男の子（女の子）が好き？」と毎回、聞きました。

女の子達は、幼い時は、「楽しい人」と答える人が多く、それがやがて「面白い人」「賢い人」「頼りがいのある人」と、さまざまに変化しました。

男の子は、幼い時はほぼ全員が、「可愛い子」と答え、小学生になるとほぼ全員が「可愛い子」と答え、中学生になるとほぼ全員が「可愛い子」と答え、高校生になるとほぼ全員が「可愛い子」と、なんのことはない、ほぼ全員がずっと「可愛い子」のままでした。

僕は男性ですが、さすがに、「成長せんのかい！」と心の中で突っ込みました。


「ただしイケメンに限る」という言い方があります。

もてない男達がヤケ気味に語る言葉です。どうせ、俺はぶさいくで、イケメンに勝てるわけないだろ。もてないのはしょうがないんだよと、自分を慰める意味にもなります。

でも、はちなさんを含め、多くの女性は、「イケメンは素敵だけど、限ることはない」と思っているんじゃないですか？　「イケメンには、そんなに興味ないよ」と言う女性も普通にいます。愛でたり、推したりするのはイケメンでも、恋愛対象は、「イケメンに限ることはない」と多くの女性は思っているはずです。

ではなぜ男達の中で「イケメンに限る」という言い方が広がっているかというと、男達は、自分が外見で女性を判断しているから、女性も同じように外見で判断しているに決まっていると思い込んでいるのです。

どうですか、はちなさん。

えっ？　ここまで読んできて、男達があまりにバカだから、男性不信は治るとは思えない？

まあ、はちなさん。もう少し、つきあって下さい。

こういう、「自分は疑いもなく見る性である」「自分は見られる性になるはずがない」と思い込んでいる男達は、簡単に女性を品評します。だって、「見られることの痛み」が想像できませんからね。

若ければ若いほど、この傾向は強まります。そして、残酷になります。高校生より中学生、中学生より小学生の方が、「見る性」として、〝無邪気に〟残酷な言葉を語ります。

はちなさんは、25歳ですから、男達が一番、残忍だった時期の経験が生々しく残っているのだと思います。悪意のないままの残酷な言葉を投げ続けられれば、魂まで傷つきます。はちなさん、本当に苦労しましたね。

じつは、この傾向が強い男性は、「髪が薄くなった」だの「服がダサイ」だの「お腹が出てきた」だのと面と向かって言われて「見られる性」にいきなり放り込まれると、激怒したり、混乱したり、激しく落ち込んだりします。

「見られること」つまり、「見られて評価されること」に慣れてないので、どうしたらいいか分からなくなるのです（仕事や偏差値で評価されることは大変ですが慣れているのです。それは自分の努力だったり、能力ですから。でも、外見という素材そのものだけをジャッジされるのは本当に慣れてないのです）。

それでね、はちなさん。「見られる性」に強引に立たされるという経験によって、成長する男性がいるのです。いきなり、自分の外見やファッションをさんざん批評されることで、「うむ。容姿を一方的にいろいろと言われることはつらいなあ。ひょっとしたら、俺も同じことをしていたのか」と気付く、ほんの一握りの男性もいるのです。

僕なんかは、「ぶさいく村」に生まれましたから、昔から、外見をジャッジされることにさらされてきました。

合コンでは、外見ですでに、女性達から「戦力外」を通告されました。絶対にホームランを打ってやると多摩川の河川敷球場のバッターボックスに立ったら、試合は東京ドームで行われていて、目の前には誰もいなかった、みたいなものです。

さんざん、外見でジャッジされてきましたから、同じことはしたくないと思います。

もちろん、きれいなもの、美しいものは、ぶさいく村出身でも好きです。でも、「見る側」に立って、相手の美醜を簡単に口にする、容姿によって態度を変えるということと、「美しいものが好き」ということは別です。

「ぶさいく村・心優しき地区」に住む男達は、自分がされたら嫌だから、美醜を口にし、態度を変えるということをしないのです（残念ながら、「ぶさいく村・復讐地区」に住む男達もいます。この男達は「自分は容姿で判断された。同じことを女達にしてやろう。ざまあみろ」という気持ちです）。

それから、はちなさん。

「可愛い人」しか恋愛対象じゃなかったのに、いろんなきっかけで、容姿以外の魅力に気付く男性もいます。これが一番、多いかもしれません。

年齢を重ねる中で、人はいろんな魅力を発見するのです。

ハンバーグとスパゲッティーとカレーしか美味しい物はないと思っていたのに、気が付くとウニや牡蠣の美味しさに感動しているように、違う良さに気付くことも珍しいことではないのです。

カップ麺が一番美味しいと思っていたのに、いろんな種類のラーメンの複雑な味を楽しめるようになることもあるのです。

僕は、はちなさんの「男性不信」をどうにかすることはできません。ただ、男性全体を不信に思うとか思わないではなくて、「男性の中にも、まともな人はいるんだ」ということを分かってもらえたらと思います。

そういう人は、「可愛い人」という好みだけではなく、違う魅力を楽しみ、受け入れられる人です。

ハンバーグとカレーは今でも好きだけど、炙りしめサバとか塩辛も好きな人です。

もちろん、味覚が子供のままという人もいるでしょう。そういう人には近づかないこと。そして、ひどいことを言われたとしても、「ああ、この人は『見る性』に安住しているんだな。でも、やがて歳をとって、髪が抜け始めたり、お腹がどーんと出てきたり、皺だらけになったりして、外見をいろいろと言われるようになったら、大混乱したり絶望したり激怒するんだろうなあ。かわいそうになあ。今から『見られる性』に立つことに慣れていた方がいいのに」と、同情と哀れみの目で見て距離を取るか、できなければ無視して耳をふさぎましょう。

そして、周りにいる「見られる性であることの痛み」と「見る性であることの残酷さ」を分かっている男性を探しましょう。

大丈夫。間違いなくいます。

彼らは、はちなさんを傷つけません。結果的に傷つけることがあったとしても、彼らは自分がしたことを分かっています。「見る性」だけに立った男性のような、無邪気な残酷さはありません。

そのためにはね、はちなさん。

「自分に似た子供が産まれたら可哀想なので結婚や出産は諦めているのです」という

言い方が僕はとても気になります。

この言葉と共にネガティブなエネルギーや諦めの感情が生まれることを心配するのです。

どんなに美人でもイケメンでも、卑屈な人、マイナスなエネルギーに満ちている人、ネガティブな人の恋愛は長続きしません。

僕達は、みんな苦しい人生を生きています。どんな人もです。なんとか生きるエネルギーを絞り出しているのです。そんな時、「否定だけを語る人」「グチだけを言う人」「マイナス思考の人」は、前向きのエネルギーを吸い取ります。誰が、そんな人の周りにいたいと思うでしょうか。

そういう人は、生きるつらさは教えてくれても、生きる楽しみはくれません。

どうですか、はちなさん。

マイナスのエネルギーに負けてはいませんか?

はちなさんは、「お世辞にも良いとは言えない容姿」と書きながら、「これまでには告白されたこともある」んですよね。

ということは、はちなさんの魅力を分かってくれる人がいたということです。

微笑(ほほえ)みましょう。無理せず、頑張れる範囲でポジティブになりましょう。無理と頑張りは違います。無理に微笑んでいる時は、前向きの気持ちより苦痛の方が大きいです。頑張って微笑んでいる時は、苦痛も感じますが、それより前向きの気持ちの方が大きいです。

「自分に似た子供が産まれたら可哀想なので……うんとイケメンと結婚しようと思います！」なんて軽口が言えるぐらいの前向きになるのはどうですか？

作家サマセット・モームの言葉を知りませんか？

「なぜ美人はいつもつまらぬ男と結婚するんだろう？」

「賢い男は美人と結婚しないからさ」

美人の愚(おろ)かさとか中身のなさとかへの皮肉ですね。

そもそも、ネガティブな感情に支配されていると、美人さんはだんだん美人さんではなくなってきます。素材としては美人でも、そう見えなくなるのです。

人間は生きているので、素材と共に精神状態や人柄が顔に出てくるのです。

これは中途半端(ちゅうとはんぱ)ななぐさめではありません。「美人」が素材だけではないからこそ、「雰囲気美人」なんて言葉があるのです。顔の作りでは美人ではないけれど、雰囲気が美人な人は確実にいます。それは、メイクや髪形、洋服だけではなく生きざまや性格を含めた勝利です。

はちなさんの周りにはいませんか？

ですから、素材として「可愛い人」だけじゃなくて、「雰囲気可愛い人」もいるのです。

雰囲気で可愛くなる理由はさまざまです。とても聡明だから可愛く感じるとか、優しいからとか、元気だからとか、とにかく、ポジティブななにかの理由によって、雰囲気で可愛くなるのです。そして、それが女性にとって一番大切だと思っている男性はその人と恋に落ちるのです。

はちなさん。

愚かな男達に、これからも、容姿に関しての言葉を浴びせられるかもしれません。でも、それは男達のすべてではないのです。それが男性全体だと思って、男性全員を不信に思ったり、嫌ったりしてはもったいないのです。

はちなさんの周りにも、ひとつ成長した男達が確実にいるはずです。いないようなら、交遊関係を広げて探して下さい。

そして、はちなさんの魅力に惹かれる男も間違いなくいると断言します。

えっ？　私にはそんな魅力がそもそもないと思っていますか？

最後に僕の大好きな谷川俊太郎さんの詩を紹介します。『彼女を代弁すると』という詩です。

彼女を代弁すると

「花屋の前を通ると吐き気がする
どの花も色とりどりにエゴイスト
青空なんて分厚い雲にかくれてほしい
星なんてみんな落ちてくればいい
みんななんで平気で生きてるんですか
ちゃらちゃら光るもので自分をかざって
ひっきりなしにメールチェックして
私　人間やめたい

石ころになって誰かにぶん投げてもらいたい
でなきゃ泥水になって海に溶けたい」

無表情に梅割りをすすっている彼女の
Tシャツの下の二つのふくらみは
コトバをもっていないからココロを裏切って
堂々といのちを主張している

……どうですか？　はちなさんは、まだ25歳です。それがどんなに素敵なことなのか。その生命力がどんなに魅力的なことなのか。僕は60歳なのでようく分かります。微笑みましょう。無理せず、頑張って微笑みましょう。素敵な恋人が見つかりますように。心から応援します。

（追記。ネットで、この詩に対して、「私には、そんなに

主張するふくらみはない」という、自虐というか叫びのような書き込みがありました。もし、ふくらみがなくても肌の張りがいのちを主張しているのです。）

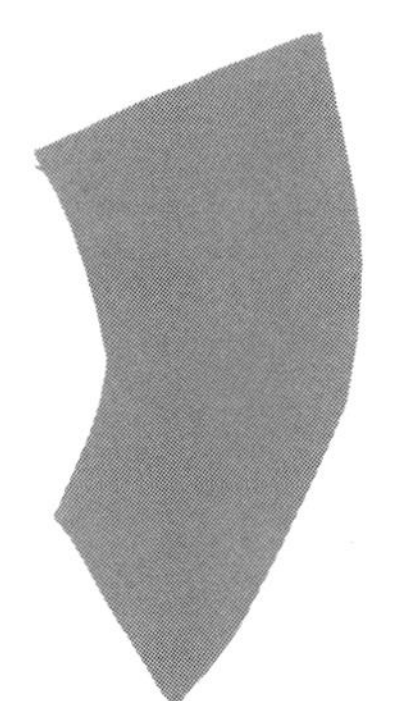

相談6

「明日からやろう」と思いながら勉強に身が入りません。「いまやるスイッチ」はどうしたら入りますか？

17歳・男性　麦わら

男子校に通う高校生です。悩みは、自分が怠けものだということです。大学進学も希望していて、勉強しなきゃいけないのに、自分に甘くどうしても勉強に身が入らないのです。

「明日からやろう」「明日こそやろう」と思いながら高校3年になってしまいました。実は高校受験では志望校に入れず、第三志望の高校に入学することになり悔しい思いをしました。そのときは、高校では猛勉強して希望の大学に行こうと決意していたのです。

なのに、いざ高校に入ったら友達ができて、それはそれで遊びが楽しくなり、家に帰ったらスマホを見ているうちに時間が過ぎています。

だからといって母親に「少しぐらい机に向かえ」と言われるとむかっ腹がたって、ますます勉強したくなくなります。

自分でもダメダメだなと思います。いまの成績では行きたい大学に行けません。また来年に後悔する自分が想像できて、焦(あせ)ります。いまやるスイッチはどうしたら入りますか？

いや、麦わら君。そんな「いまやるスイッチ」の入れ方があるなら、僕が知りたいです。

僕は演劇をやっているのですが、劇場が決まり、公演初日が決まり、稽古(けいこ)開始日が決まり、台本が必要になります。

とっとと書かないといけないのに、なかなか、「いまやるスイッチ」が入りません。

仕事場の机に向かっても、まず、ネットの海をさまよいます。ひどい場合は、3時間も4時間も、ぐだぐだとさまよいます。麦わら君なら分かると思いますが、ネットには誘惑がいっぱいです。面白(おもしろ)動画からエッチ動画まで、そりゃもう、楽しいものすげえもの大笑いできるものまで山ほどあります。

それを断って、台本をいきなり書くなんてのは、人間のレベルを超えています。

平均だと2時間ぐらいはさまよいます。んで、焦り始めます。「いかん、いかん。稽古開始までに台本を書き上げないと、俳優達から責められてしまう」と正気に戻って、やっと書き始めるのです。

台本執筆中は、これが毎日です。

どうして書き始められるかというと、文句を言う俳優やスタッフの顔が浮かぶからです。「ええ!? これだけしか書いてないんですか!」とか「台本がないなら、なにもできないじゃないですか!」と迫ってくる顔が浮かぶから、書き始められるのです。

同時に、台本を書き上げた時の俳優やスタッフの喜ぶ顔を想像することも、原動力になります。ネガティブな想像もポジティブな想像も、それがリアルにイメージできれば、僕の背中を押してくれるのです。

ただし、台本はいきなりは完成しません。一カ月から二カ月かけて書きますから、毎日は、小さな歩みです。

「今日は5ページ書こう」とか「この章を終わらせよう」と、少しずつ小さなペースを目標にするから、なんとか書けるのです。

これが、「台本を完成させよう」だけが目標だと、あまりに旅路が遠くて、途方に暮れると思います。

だからね、麦わら君。

「いまやるスイッチ」のために大切なのは、まずは、リアルな想像力です。

僕は、台本が遅れて俳優達に責められるというシーンは簡単にイメージできます。

麦わら君は、「大学受験」というリアルなイメージはありますか？

入れたら嬉しいと思っている大学に行ったことはありますか？　行って、キャンパスを歩いて、そこの大学生になった自分をイメージするのです。教室をのぞいたり、サークル部室を見てみたり、食堂でランチしたりして、一日、生活してみるのです。

親しい友達とか好きな女の子も、その大学を目指しているとかだったら、さらに効果的です。

一緒に大学に行って、キャンパスを飛び跳ねながら歩くのです。そうすることで、「大学受験」という抽象的な言葉がどんどん具体的になります。

そして、「ああ、この大学に入りたい。毎日、ここに通いたい」と思えたら、しめたものです。それが、勉強を始めるエネルギーになると思います。

ネガティブなイメージも有効なら使います。僕が俳優達から責められるイメージで尻に火がつくように、「全部落ちたら行くかもしれない予備校」に行ってみるとか「死んでも行きたくない大学」をのぞいてみるとかです。

「ああ、勉強しなかったら、俺はここに来るんだ。風景がくすんでるよなあ。やだなあ。絶対にここに入学したくないなあ」とイメージを骨身に染み込ませるのです。

それともうひとつ。「いまやるスイッチ」を大学受験のスイッチと考えないで、もっと小さなものにするのです。

日々の小テストとか問題集2ページとか中間・期末テストとか全国模試とか、目の前の目標だけのためのスイッチにするということです。

マラソンを走る時も、いきなりゴールを考えたら遠すぎて走る気力がなくなります。「あの電信柱まで走ろう」とか「あの信号まで」と小さな目標を設定するのです。結果として、気がついたら最後まで完走できることが多いです。

どうですか、麦わら君。

目標がかなったらどうなるか。ポジティブもネガティブも、うんとリアルに、具体的に想像できるように準備して下さい。

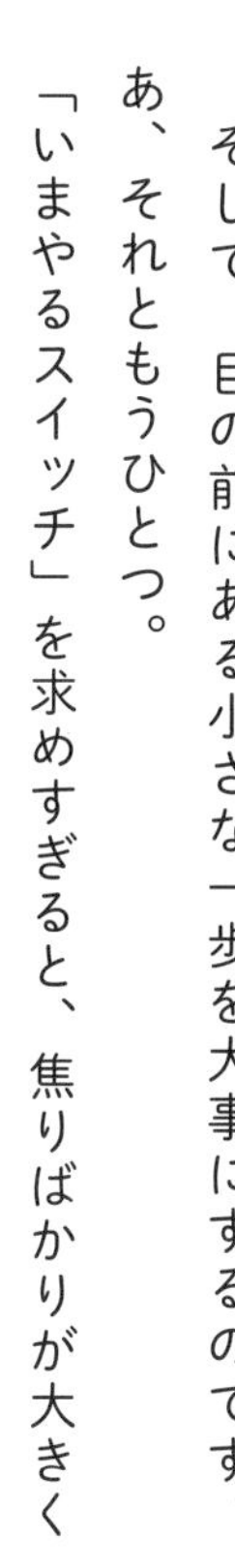

そして、目の前にある小さな一歩を大事にするのです。

あ、それともうひとつ。

「いまやるスイッチ」を求めすぎると、焦りばかりが大きくなって、結果的に何もできなくなります。

自分をちょっと許して、「30分後に始めるスイッチ」とか「45分後に始めるスイッチ」でいいんだと開き直りましょう。

大学受験は長期戦です。焦ったり、気を張りすぎると長続きしません。

少しリラックスしながら、一歩一歩、確実に進んで下さい。

健闘を祈ります。

相談7

高校2年のとき、勝手にアニメグッズを捨てた親への怒りが53歳になってもおさまりません

53歳・男性　薫ラバー

僕は小学生ぐらいからアニメが大好きなアニメオタクです。基本は2次元の世界が大好きで、アニメを見ていれば満足。貯めたお小遣いで好きなビデオを買ったり、フィギュアを買ったり（あの頃、唯一好きな3次元でした）するのが楽しみでした。

ですが、母親はそんな僕の趣味を嫌っていました。「そんな趣味、恥ずかしいから捨てなさい」と言われ続けましたが、「お小遣いとバイトで楽しんでいるんだから関係ないだろ」と言い返していました。

高校2年のある日、家が引っ越すことになりました。僕はフィギュアやビデオを、プチプチを使って、すべて丁寧にくるみ、段ボールに詰めました。

ところが、新しい家に着いたら、そのビデオやフィギュアたちが段ボールごとなくなっていたのです。母親に問いただすと「来年受験なのに、あんな趣味続けてる場合じゃないでしょ」と開き直っています。父は母に「勝手に捨てることないだろ」と言いながら、「まあ、お前もあの趣味じゃ女にもてないぞ」と。軽くあしらわれました。

本当にショックで、あの時は、憤り(いきどお)と怒りで狂いそうになりました。そのあと家族と3カ月は口をききませんでした。

僕は現在53歳です。結婚して妻と二人で暮らしています。やっぱり母の思惑(おもわく)どおりにはアニメ好きはなおらず、妻もアニメ大好きなので、一から買いなおしたアニメとフィギュアを心置きなく部屋に飾っています。

両親はだいぶ年老いてきて、もうそろそろ介護が必要になるかもしれません。問題は、高校生の時にビデオやフィギュアを捨てられた怒りがまだおさまらないということです。

いまでも当時を思い出すとあの時の激しい怒りの記憶が蘇(よみがえ)るのです。どうしても両親にやさしくできず、実家にもあまり足がむきません。母親からは冷たい息子だとなじられます。自分でも、自分は執念(しゅうねん)深いのかもしれないと思います。

恨んでいるのも実は疲れるし、これからの介護を考えると、両親を許して心のわだかまりを解消しておきたいです。どうしたら、両親へのこの長年の恨みをなくすことができるでしょうか。鴻上さん、どうかお知恵をお貸しください。

……………

薫ラバーさん。薫ラバーさんは、「いまでも当時を思い出すとあの時の激しい怒りの記憶が蘇る」ということは、母親にちゃんと伝えましたか？　53歳になっても、あなたを許すことはできないんだという気持ちは、正直に話しましたか？　母親の行動を止められなかった父親も、いまだに許してない、ということを伝えましたか？

捨て台詞でもなく、喧嘩腰でもなく、ちゃんとじっくりと、「あなた達の行動をいまだに許せないんだ。高校生の僕にどうしてそんなことをしたんだ？」「アニメのどこが恥ずかしいんだ？」ということを話し合いましたか。

もし、とことん話しているのなら、僕にはもう、薫ラバーさんに対するアドバイスはありません。それでも、恨みが晴れないのなら、しょうがないとしか言いようがありません。

でも、もし、とことん話し合ってないのなら、ただ母親が「あの時はごめんね」だけですませているのなら、そして、それでは薫ラバーさんが納得できないのなら、「どうして高校生の息子を、一人の独立した人格として見られなかったのか？」ということを、徹底的に話し合うべきだと思います。

まだ、ご両親が元気なら、おそらく最後のチャンスだと思います。介護が必要になったら、ご両親は問いかける対象ではなく、守る対象になってしまって薫ラバーさんの思いは、不完全燃焼で終わるでしょう。

今、まだご両親の体力がちゃんとあるなら、何時間もとことん話すのです。たまりにたまったものを出すしかないのです。

「来年受験なら、何してもいいのか？」「いつまで、子供は親に無条件で従えばいいのか？」「子供のためだと思ったら、何をしてもいいのか？」「ただアニメが嫌いなだけだったんじゃないのか？」「アニメオタクだと世間体が悪いと思っただけなんじゃないのか？」

薫ラバーさんが、この36年間、ためにためた思いをぶつけるのです。

ただし、どんなに興奮しても、「両親を責めることが目標」ではなく、「とことん、自分の気持ちを吐き出して、新しい関係を作ることが目標」なのだということは忘れないで下さい。

母親が元気なら、やがて逆ギレして、「なんで、そんな昔のことを文句言われなきゃいけないんだ。お前はおかしい」とか「アニメオタクは気持ち悪い。捨てて当然」とか言うかもしれません（というか、そういう母親の本音が出た方が健全な話し合いだと思います）。

どんなに興奮しても、話し合いは続けて下さい。怒って終わったり、決裂したり、飛び出したりしないように。あんまり興奮して話せなくなったら、しばらく時間をおいてもう一度話し合います。

『トーチソング・トリロジー』という映画は見たことがありますか？　１９８８年の映画ですが、自分がゲイであることをなんとか母親に受け入れてもらおうとする息子と、ゲイを拒否する母親の壮烈な映画です。その議論の徹底した闘いには、ただ唸ります。

話して話して、とにかく、薫ラバーさんが納得できるところまでいきましょう。

母親の意見や態度に最後まで納得できなくても、「これだけ言ったから、まあいいか」となるかもしれません。全然、納得できないと思ったら、納得するまで話し続けましょう。

僕には、それしか、薫ラバーさんが自分の恨みを相対化できる方法はないと思います。

薫ラバーさんの怒りが、36年間も続いている理由は、ずっと中途半端に押し殺してきたからだと思います。ずっと気になっていたのに、ちゃんと向き合わなかった結果、心の片隅で怒りは強く頑固に育ったのです。母親と直接話さなければ、自分の記憶と想像力だけが「事件」を大きくするのです。

薫ラバーさん。どうかこの機会に母親ととことん話してみて下さい。それが、怒りの感情と向き合う唯一の方法だと思います。

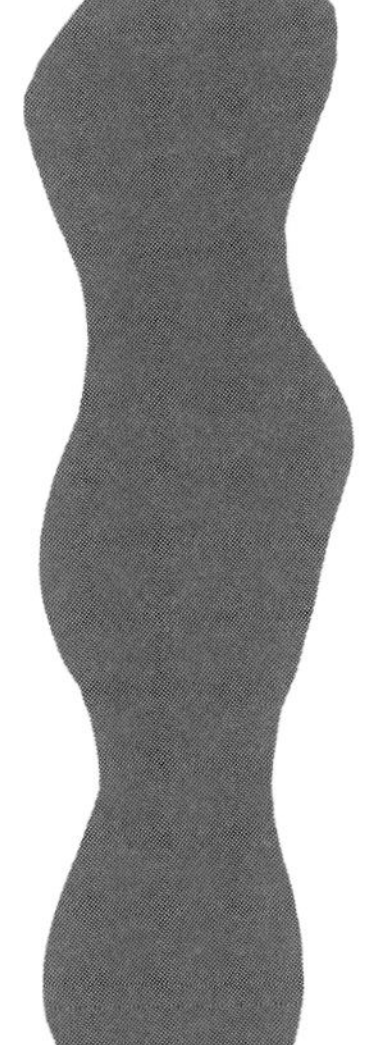

相談8

異性とも同性とも一度も恋愛をしたことがありません。こんな私はおかしいのでしょうか?

25歳・女性　よし子

25歳女性です。

私は一度も異性とも同性とも恋愛をしたことがありません。

テレビや雑誌、マンガなどで見る男性を素敵(すてき)だなと思うことはありますし、日常生活の中で素敵だと思う男性もいますが、お付き合いしたいとは思えないのです。

それよりも本を読んだり、趣味に没頭(ぼっとう)して過ごしたほうが充実感があり思わずそちらのほうに時間を使ってしまいます。ですが、周りには結婚した友達もいて、恋愛して幸せそうな友達の姿を見ていると羨(うらや)ましいな、憧(あこが)れるなと思います。

試しに出会いパーティーに参加しようとしたり、友人に紹介してもらった男性と食事したりしてみました。しかし結局気が乗らず、キャンセルしてしまったり、1回きりで終わりになりました。こんな私はおかしいのでしょうか。こんな私でもいつか誰かと結婚して幸せな家庭を持てるでしょうか。

………

よし子さん。じつは、この『ほがらか人生相談』に寄せられるお悩みで、「恋愛ができない」とか「恋愛に興味がない」「恋愛の仕方が分からない」という相談が、かなり多いのです。

ですから、よし子さんの悩みは決して特殊なものではないのです。

まず、そもそも、恋愛にまったく興味が持てない人もいます。

「LGBT」という言い方は、だんだん市民権を得てきましたが、最近は、「LGBTQ+」という言い方も広がってきました。性は多様で、「LGBT」だけではないのに、この言葉が定着すると、4つの分類しかないと思われがちになるからです。

「LGBT」以外に多様な性があるのですが、「アセクシュアル（Asexual）」と呼ばれる人達がいます。

それは、一般的には、「他者に対して性的欲求や恋愛感情を抱かない人」と定義されています。インターネットで調べてもらえば、「自分はアセクシュアルである」とカミングアウトした人を何人も見つけられます。

みんな、他人に対して、恋愛感情や性欲を感じなくて、「自分は人間として欠陥があるんじゃないか」「冷たい人間なのか」と苦しんだ人達です。でも、アセクシュアルという性のあり方を知って、自分を責めたり不安になることから解放されたのです。

自分がアセクシュアルかどうか。まずは、インターネットの記事でいろいろと確認してみて下さい。専門書もありますから、ひょっとしたらと思ったらさらに調べることをお勧めします。

で、これからの文章は、よし子さんがアセクシュアルじゃなかった場合が前提です。

「テレビや雑誌、マンガなどで見る男性を素敵だなと思うことはありますし、日常生活の中で素敵だと思う男性もいます」と書かれていますから、性自認が女性で、性対象が男性だとしましょう。

では、恋愛は一般的にはどう始まるのでしょうか？

ぶっちゃけて言うと、恋愛はなかなか始まりません。

なかなか始まらないから、一目惚れの代表ドラマ、『ロミオとジュリエット』なんてのが、今この瞬間も、（間違いなく）世界中のどこかで上演されているのです。

もし、街中に一目惚れが溢れていたら、誰も、『ロミオとジュリエット』なんて見ないのです。だって、みんながほいほい一目惚れしていたら、一目惚れは全然、ドラマチックじゃないですからね。

一目惚れだけじゃないです。テレビや小説、映画、芝居には、激しく燃え上がる、ぶつかり合う、切なく求め合う恋愛が溢れています。それは、そんな恋愛は現実にはとても少ないからです。

現実の私達は、ドラマのような恋愛にはなかなか出会いません。

たいていは、だらだらと、ぬるぬると、ちょぼちょぼと、じつに中途半端な恋愛を経験する人の方が圧倒的多数だと思います。

でも、だからこそ、ドラマのような恋愛に憧れます。そして、恋愛の始まりは、どこかドラマチックなものであってほしいと、願うのです。

もし、よし子さんが、「交際の始まりは、恋愛感情がないまま、だらだらと始まる」という映画やテレビドラマをたくさん見ていたら、一回だけの食事でも「あ、これが交際の始まりか。そんなもんか」とつきあい始めたかもしれません。

でも、「交際の始まりには、まず、しっかりとした恋愛感情があるはずだ」と思っていると、間違いなく、何も始まりません。

最初に、そんな強烈な、迷いのない、くっきりとした恋愛感情がある場合は、ものすごく稀です。森永のチョコボールを買ったら、３箱連続で金のエンゼルが出たぐらい稀です。ね、どれぐらいめったにないか分かるでしょう？

じゃあ、みんな、なぜ交際を始めているのかというと、男性の場合は、つきあいを始める90％の理由は、性欲です。（わはははっ。言っちまったい）

驚きましたか？　呆れた？　でも、よし子さん、嘘だと思ったら、周りの男性に聞いてみて下さい。正直な男性はこっそりと、または開き直って認めるでしょう。

「なんとなく好きだけど、それより、とにかく、エッチしたいんだよね」が、交際をスタートさせる動機の90％です。残りの10％は、「勢い」と「手料理が食いたい」と「その他（人に言えない）」です。

女性の場合は、僕の観察だと、「淋しさ」と「見栄」で90％です。

「好きというより、独りが淋しくてたまらないから交際を始める」というのと、「周りのみんなが交際していて、自分は独りでみじめに思われたくないから、または、周りに自慢したいから、そんなに好きじゃないけど交際を始める」です。

残りの10％は、「将来性」とか「冒険心」「その他（人に言えない）」とか、人によって色々でしょう（もちろん、「性欲」という人もいます）。

でね、僕は「性欲」とか「淋しさ」「見栄」が交際を始める動機で全然、良いと思っているのです。

大切なことなのでもう一回言いますが、つきあい始める動機が、「激しい恋愛感情」でなくて、全く、問題ないと思っているのです。

推理小説が面白いと思うのは、間違いなく、面白い推理小説を読んだ後です。

推理小説を読んだことがない人に、「いかに推理小説が面白いか？」をどんなに熱く語っても、限界があると思います。「犯人を当てる小説が、なぜ、そんなに面白いの？」と気が乗らない方が普通でしょう。

交際も同じです。

一度、ちゃんと交際してみることで「あれ、交際するって素敵かも」とか「なるほど、これが交際の長所と短所か。短所もあるけど、長所の方が少しだけ大きいな」と感じるのです。

ですから、交際を始める動機は、本当になんでもいいと思っているのです。

で、「性欲」だろうが「淋しさ」だろうが、何度も会っていると、情が湧いてくるものです。

これは「犬・猫の法則」と言いますが（わはははっ。また言っちまったい）、とにかく一緒にいると、親愛の情が深くなります。逆に言うと、一緒にいる時間が少ないと、どんなに相性がよくても情は深まりません。

「愛のないセックスをしろということ？」と思う女性もいるかもしれません。

よし子さんも思いましたか？

僕は昔、自分の演劇作品で「愛のないセックスはしない」と上から目線で言った女性に、別の若い女性が「ということは、リアルタイムで愛があるかどうか分かるっていうこと？　私は分からないよ。これが愛なのかどうか。後から考えて、やっと愛だって分かる時もある。ずっと分からない時もある」と答えるセリフを書きました。

セックスをしたくない相手なら、もちろんしなくていいのですが、なんとなくいいなとか、してもいいなと思っているのなら、愛があるかどうかを厳密に考えない方がいいと思っているのです。

で、男は「性欲」で交際を始めます。

最初は、恋愛感情はほんの少ししかありません。けれど、そこから、男は試されるのです。「私が好きなの？　それとも、私の身体が好きなの？」と問いつめられて、「愛とはなんだ？」と深く考えるようになるのです。

ちなみに、芥川龍之介は、「恋愛はただ性欲の詩的表現を受けたものである。少くとも詩的表現を受けない性欲は恋愛と呼ぶに価しない」なんてことを言ってます。男性側の視点ですね。

女性は、例えば「見栄」で交際を始め、友達に自慢し続けながら、「このまま結婚なの？　これは本当の恋愛なの？」と考えるようになるのだと思います。

で、男性も女性も、「交際が恋愛に発展する人達」と「交際が恋愛にならずに終わる人達」に分かれます。

結果的に「性欲」や「淋しさ」を満足させるためだけのもので、恋愛にならなかったとしても、僕は交際を始めた意味はあったと思っています。

だって、始めてみないと、「恋愛になるかならないか」は分からないのです。

そして、最初の一回が恋愛にならなくても、次の交際が恋愛になる可能性はあります。推理小説を初めて読んでもまったく面白さが分からなかったのに、何作も読んでいくと視点が多様になり、そして深まり、面白さを感じられるようになるのと同じです。

そもそも、恋愛は大変なものです。

恋愛は、生のコミュニケーションです。セックスは、さらにプリミティブというか根源的(こんげんてき)なコミュニケーションです。

人間と人間が直接、濃厚に交わるのですから、めんどくさかったり、わずらわしかったり、怖かったりするのは当り前です。

ただのセックス、ただの見栄や淋しさの満足で終われば、めんどくささもわずらわしさも、あまり感じません。

でも、何度も会っているうちに、お互いの存在がお互いの心の中で呼吸を始めます。美味(おい)しいものを食べたら、あの人にも食べさせたいと思い、美しい風景を見たら、あの人にも見せたいと思い、楽しいことがあったら、早く話したいと思い、悲しいことがあったら、胸で泣きたいと思う。

それが恋愛の始まりです。

よし子さん。

どうですか？　僕はよし子さんは、恋愛という推理小説をまだ読んだことがない人だと思います。

恋愛がよく分からないのだから、よし子さんが書くように「本を読んだり、趣味に没頭して過ごしたほうが充実感が」あるのは当り前です。

なので、とにかく、勇気を出して、軽い気持ちで誰かと交際を始めてみるのがいいと思ってます。

勇気を出しながら、軽い気持ちで、とりあえず、というのは、なんだか矛盾したような表現ですが、つまりは考えすぎないということです。

ほんの少しでもいいからときめいた人、いいなあと思った人に交際を申し込んでみるのです。

そうして、強引につきあうことで、「人と交際するって、めんどくさいこともあるけど、楽しいこともあるなあ」とか、「あれ？　この感覚が恋愛って

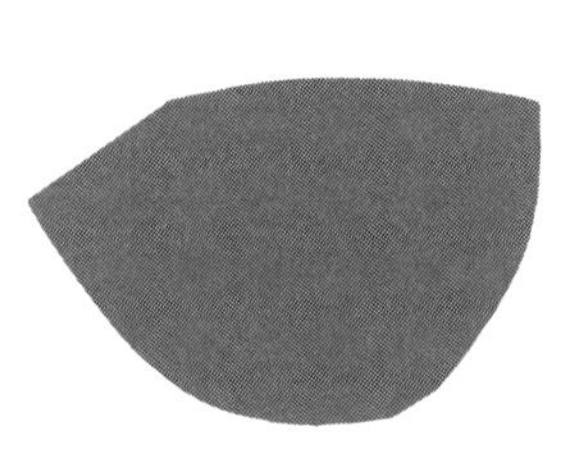

ことなのかな。ドラマみたいに激しく燃え上がるわけじゃないけど、なんか、素敵な感覚だな」となれば、素敵だなと思っているのです。

もちろん、つきあってみて「ちっとも、この人を好きにはなれなかった」という場合もあるでしょう。それはそれで経験です。初めて読んだ推理小説がつまらないってこともあるのです。

でも、とにかく始めてみること。

交際の後に恋愛が始まることは、よくあることなのですから。

よし子さん、どうですか？

相談９

みんなの憧れ、クール美女の先輩の鼻から……僕の頭はパニックです

24歳・男性　ろくろう

会社に、28歳のとてもクールな雰囲気の知的美人がいます。かりに、雅美女史とします。

雅美女史は雰囲気にたがわず、仕事もできる有能な女性です。美人だけど女性の後輩にも慕われ、みんなの憧れです。

でも、最近、どうしても気になることがあります。

それは、雅美女史の鼻からときどき鼻毛が出ていることです……。とくに笑ったときに。

あの鼻筋のとおった美しい鼻先から出る鼻毛。なんで……。驚きすぎて最初気づいたときは僕の頭はパニックなく。打ち合わせに集中できなくなりました。いいえ、今も気づ

くと集中力は一気に低下します。でも、どうして言えるでしょうか、「雅美女史、鼻毛が出てますよ」なんて。

他の人が気づいているかどうか、わかりません。どうにか他の人が気づかないうちに鼻毛を切ってほしい。

ちなみに中学生の頃、プールでゆるい鼻くそが鼻から出ているのを女子に指摘したときの、女子の泣きそうな困った表情、きまずい空気が忘れられない、という苦い思い出もあり、雅美女史に言う勇気は到底だせそうにないです。

ですが、伝えたい。鴻上さん、どうすれば本人が自分で気づいてくれるでしょうか。

…………………………………………

ろくろうさん。本人が気付くのは不可能だと思います。鼻毛が出ている時に、鏡を見るという偶然がなければ、絶対に気付くことはないでしょう。

さて、ろくろうさん。ろくろうさんは、時代劇を見たり、読んだりしたことがありますか？

たまに、殿様の行動を諫めるために、切腹を前提に上申する家臣の物語と出合うことはありませんか？

殿様が間違ったことをしている。それを正したい。けれど、家臣が言うのは出すぎた行動である。けれど、言わなければ、殿様自身の信用にかかわる。私は殿様が大好きだ。殿様が正しい道に戻るのなら、私の命なんて惜しいものではない。よし、自らの死をもって、殿をお諫め申し上げよう。

……これ以上ない献身的行動ですね。殿様への愛なくしては、成立しない行為です。

で、唐突に言いますが、美しく有能な28歳の雅美女史は、現代の殿様です。

そして、ろくろうさんは、その忠実な家臣です。だって、殿様の鼻から鼻毛が出ているのを見ただけで、驚きで頭がパニックになるんですよ。どれほど、殿様を敬愛しているか。感動的です。

殿様を深く尊敬する家臣の取る行動は、ただひとつです。

殿様に「鼻毛がでております」と諫言し、殿様の美しさを取り戻すこと。そのために、殿様から無視され、嫌われても、それこそが家臣の本分です！

安心して下さい。現代に、切腹はありません。ろくろうさんがどんなに嫌われても、死ぬことはないのです。

ただし、満座の中で、殿様に恥をかかせてはなりませぬ。

ろくろうさんは、雅美女史とLINEでつながっていますか？

殿様が笑い、鼻毛が出た瞬間に、こっそりとLINEで、

「笑うと鼻毛が見えます」と送るのです。

そこから、殿様がどんな行動を取るのかは、僕にも分かりません。万が一、器の大きい殿様なら、「よくぞ申した。愛い奴じゃ」となるかもしれません。器が小さければ、冷たい視線か無視だけでしょう。

でも、敬愛する殿様の美しさを守ったのです。涙なしでは語れない献身的行動です。心から感服し、頭が下がります。

ろくろうさんの捨て身の行動が、殿様を守るのです。

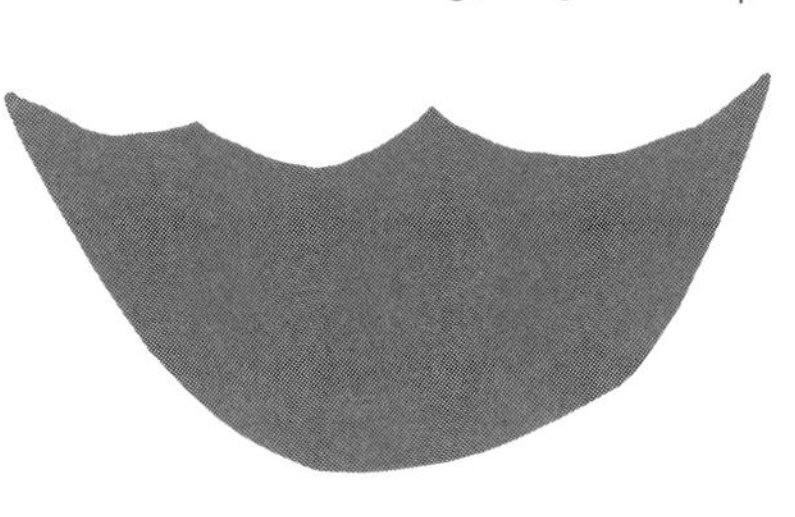

相談10

将来の目標もやりたいことも特にない私。人生で何か大切なものを1つ選択できるのかが不安です

20歳・女性　砂糖菓子

鴻上さんこんにちは。私は今年大学3年生になる学生です。

是非(ぜひ)聞いて欲しいご相談があります。大学3年生というと進路のことや卒業論文の題材を考える時期でもあります。そして周りからも「将来の夢は?」や「何がやりたいの?」とよく聞かれます。しかし私は将来の目標もやりたいことも特にないのです。「好きなことは無いの?」と聞かれることもあります。私の好きなことやものはたくさんあります。本を読むのも好きです。音楽を聴(き)くのも好きです。食べることも寝ることもテレビを見ることも、ゲームをすることだって好きです。

でも私には「1番」好きなものが無いのです。どれもほぼ等しく好きです。最近ではゲームのキャラクターの「1番好きなキャラ」でさえはっきりと答えられなくなっ

てしまいました。これは私が優柔不断なのでしょうか？

好きなことが多いことは多分悪いことではないと思います。

でも好きなことが多いことで自分が押しつぶされそうになることもあります。卒業論文の題材も就職先も1つしかないように、人生には何か1つを選択しなければならない時が必ずあります。

その時に私は何か大切なものを1つ選択できるのかが不安です。

私が何かを選択する際にどうすれば自分の1番を決めることができるのでしょうか。

鴻上さんの意見をお聞きしたいです。ぜひご回答頂ければと思います。


そうですか。砂糖菓子さんは、好きなものがたくさんあるんですね。素敵なことじゃないですか！


「好きなものがなにもない」と「好きなものがたくさんある」を比べれば、これはもう、文句なく「好きなものがたくさんある」方が幸せだし、素敵だと思います。

その中からひとつを選ぶことが、苦しいんですね。

それは、そうだと思います。

小説や映像ドラマ、演劇などの物語を人々が求めるのは、人生が一回しかないことへの抗議だという言い方があります。

あれもこれも、いろんなことをやりたいのに、ひとつのことを選べば別のことができなくて、悔しくて、許せなくて、でもどうにもできないから、いろんな人の人生を見て、読んで、なんとか自分を納得させたり、なぐさめたりしている、ということです。

おしゃれなレストランに入ると、デザートのケーキが、ワゴンに載って何種類も出てくる時があります。

どれもこれも食べたいのに、もうお腹いっぱいですから、がんばっても、2、3個が限度でしょう。そういう時、「ああ、なんで全部が食べられない！」と心の中で叫んだりしませんか？

美味しそうなケーキを、そもそも、ひとつだけ選ぶことは不可能なのです。でも、全部は食べられないから、選ぶしかないのです。

私達は、「サラリーマンやってる」とか「ＯＬやってる」「教師やってます」なんて言い方をします。本当は「サラリーマンです」とか「ＯＬです」「教師です」のはずです。

でも、「やっている」という言い方は、「たまたま、今やっているだけなんです。私はサラリーマン、そのものじゃないんです。いつでも、変わる可能性があるんです」という気持ちの表れだと思うのです。

それはつまり、人生をひとつに決めてしまうことへのためらいや抗議だと思います。

さて、砂糖菓子さん。

まずそもそも、好きなことをたったひとつに決められる人はとても少ないと僕は思っています。

「好きなことを仕事にできた」という人を世間はうらやみますが、そもそも、「人生を賭けるほどの好きなことを見つけられた」人が素敵なのです。それで生活できるようになったかとか、成功したかは、二番目に大事なことなのです。

藤子不二雄さんのマンガ自伝『まんが道』（藤子不二雄Ⓐ）は読んだことありませんか？　登場する二人の少年は、「人生で一番好きなことは、マンガを描くこと」という揺るぎない確信に満ちています。結果的に有名になろうがなるまいが、「人生の一番好きなことがはっきりしている」という人は、本当に素敵でうらやましくなります。

でも、そんな人は本当に少ないと思います。

嘘だと思うのなら、出会った人に手当たり次第、聞いてみて下さい。「今の職業につきたかったですか？」「ずっと今の仕事を目指していましたか？」「今の職業についたことに何の後悔もないですか？」

たぶん、10人中9人までが「なんとなく選んだ」とか「流れで」とか「これしかなくて」「後悔とか言い出したら切りがない」とか答えると思います。

10人中1人が、「ずっと憧れていた」とか「すごくなりたかった」と答えるでしょう。でも、同時に「なってみたら、それなりに大変」とか「いいことばかりじゃない」「熱意が薄れてきた」とも答えると思います。

つまり、砂糖菓子さんは、「どうすれば自分の一番を決めることができるのでしょうか」と質問しますが、一番を決められないこと、決めても後から後悔することは、珍しくないどころか、多いんだと思っておいた方がいいと思います。

その上で、僕が考える「とりあえずの一番の決め方」は、「『好き』ではなくて、『後悔する』という気持ち」に注目して選ぶということです。

ラーメンもカレーも好きで、お昼にどっちを食べようかと迷った時には、「ラーメンを食べなかった後悔」と「カレーを食べなかった後悔」を比較するということです。間違っても、「ラーメンを食べたい気持ち」と「カレーを食べたい気持ち」を比較してはいけません。どっちも好きなんですから、なかなか決まらないと思います。

でも、「カレーが食べられなかった悔しさ」と、「ラーメンが食べられなかった悔しさ」を比べてみるのです。

えっ？ 違いが分からない？

ポジティブな感情ではなく、ネガティブな感情を比較するということです。

お昼に、何を食べたらいいか分からない、なんてことがあるでしょう？ そんな時は、「何を食べたくないか」を基準に決めていく、ということです。

「コンビニのおにぎりとサンドイッチはどっちが食べたくないか」で、もし、おにぎりが食べたくないのなら、サンドイッチを候補に残して、「サンドイッチとラーメンはどっちが食べたくないか？」と自分に問うのです。

で、サンドイッチの方が食べたくないのなら、残ったラーメンと次の何かを比較して、「どっちがより食べたくないか？」と考えるのです。

そうやって、「より、後悔の少ない方」を見つけていくという方法です。

それでも、「食べたい気持ちも、後悔の量も、ラーメンとカレー、まったく同じです」と断言できるのなら、もう、コインとかあみだくじで決めるしかありません。

だって、どっちも同じぐらい好きで、片方を選んだら同じぐらい後悔するのなら、もう、あとは偶然に頼るしかないのです。

それは決して、恥ずかしい方法ではありません。

画家の横尾忠則（よこおただのり）さんは、自分の生き方を「受け身のポジティブ」と言いました。

自分の生き方を一度も積極的に選んだことはない、という意味です。

高校時代、先生の勧（すす）めで油絵を始め、美術学校受験を勧められて上京し、けれど先生の助言で受験を取りやめて故郷に戻り、郵便局員志望だったのに、なんとなく印刷所に入り、そこで求められてイラストを描いたのが、キャリアの始まりです。

つまりはすべて受け身だったのです。ただ、受け身ですが、いったん引き受けたら必死にポジティブに頑張った、と横尾さんは言います。その生き方を「受け身のポジティブ」と呼んでいるのです。

真剣に考えれば考えるほど、「自分が本当に何がやりたいのか」「自分は本当は何が好きか」は分からなくなります。だって、気持ちは揺れますし、はっきりとした根拠もないですからね。

それから、もうひとつ。

「これをとりあえず一番にしよう」と決めても、「しまった。違ってた」と思ったら、とっとと、次の「これが本当の一番かも！」に移ればいいと思います。

僕のアメリカ人の友人は何回も職を変えながら、「自分が本当にやりたい職業を見つけるまでは、転職を続けるよ」なんて軽く言っています。アメリカほどではないにしても、日本でも転職がずいぶん楽な時代になってきました。

初めから「たったひとつの一番好きなこと」を探そうと思うと、肩に力が入ってなかなかうまくいかないでしょう。

「とりあえずの一番」という軽い気持ちで、選び始めてはどうですか？

「一番じゃなかったけど、就職してみたら、気に入った」なんてことを言う友人もいます。これもまた、起こることでしょう。

でも、とにかく、好きなことが多いことはとても素晴らしいことです。それはとても素敵な人生だと思います。

相談11

部長として最低な行動をとってしまいます。どうしたら自分は変われるでしょうか

17歳・女性　一輪車

こんにちは、現在とある学校に通う高校3年生です。私もついに最高学年となり部活では部長、委員会などでも委員長を務めたり本格的に先頭に立ち学校を引っ張っていく、そんな立場になりました。

ですがココ最近、自分はそういう人の上に立つような役職であったり、いざという時責任を負えるようなしっかりとした人間ではないと感じるようになりました。

それを強く感じたのは部活の最中です。私の部活は3年生が私しかいないため私が部長として日々活動しています。唯一の3年生として後輩に競技のことも普段の礼儀なども教えています。普段は余裕を持って後輩に接することが出来るのですが、トレーニングなどで自分を追い込んでいる時や自分の限界が近い時、感情がたかぶってし

まっている時などに、後輩に嫌味を言ってしまったり大声で文句を言ってしまったりと、自分の本性といいますか、最低な部分が出てしまいます。

目に余る私の行動は私の自己分析では「誰かに気を使ってほしいから可哀想な自分を演出するために嫌味や文句を言っている」のではないかと思います。

自分でも最低な考えで最低な行動をとってしまっているというのは分かっています。だからこそこんな自分を変えたいと思っています。また自分は将来、人を助けられるような仕事に就きたいと考えています。その為にも私は変わらなければならないと思っています。どうしたら自分は変われるでしょうか。どうぞよろしくお願いします。


………………………………………………

一輪車さん。あなたはとても聡明な人ですね。「誰かに気を使ってほしいから可哀想な自分を演出するために嫌味や文句を言っている」という自己分析は、とても鋭いと思います。
大人でも、なかなか気付かないことです。それを17歳で自覚しているのですから、素晴らしいです。
リーダーとして苦労している時は、誰だって、みんなに分かって欲しいと思いますからね。自分だけが苦しんでいるような気がして、その苦しみを誰も理解してくれないと感じて、とても悲しくなるものです。思わず大声を出すのも、誰かに分かってもらいたいというサインですね。

また「自分の本性といいますか、最低な部分が出てしまいます」という分析もすごいです。最低な部分を本性と言えることは、とても立派です。

さて、一輪車さん。「どうしたら自分は変われるでしょうか」と書いていますが、どんなふうに変わりたいですか？　一輪車さんの考えるリーダーとはどういう人ですか？

一輪車さんの言葉で言うと、「本格的に先頭に立ち学校を引っ張っていく」人で、「いざという時責任を負えるようなしっかりとした人間」ということですね。

逆に言うと、「自分を追い込んでいる時や自分の限界が近い時でも、感情が高ぶらず、嫌味を言わず、大声で文句を言わない人」ですね。

ふう。大変ですね。一輪車さんの言葉を書き写しているだけで、溜め息が出ました。

リーダーは大変ですねえ。

でもね、一輪車さん。僕の考えるリーダーは、一輪車さんのものとはちょっと違うのです。

一輪車さんのリーダーのイメージは、「先頭に立ってぐいぐい引っ張る人」でしょう？

僕の考えるリーダーのイメージは、「情報を流通させる人」なんです。

僕は22歳で劇団を旗揚げしました。劇団の主宰者であり演出家ですから、バリバリのリーダーです。先頭に立って、みんなをぐいぐい引っ張って、いろんなことをちゃんと決めようとしました。

でも、すぐに、行き詰まりました。

例えば、毎日の稽古をどれぐらいしたらいいか、適切な稽古量はどれぐらいなのか、どの部分の稽古をしたらいいのか、決めなければいけないことがたくさんあって、ひいひい言うようになりました。特に、自分のことが大変で、劇団員に対して心を配れなくなると、どんな指示を出していいのか分からなくなりました。

一輪車さんと同じですね。

で、ある時、「ああ、明日、どこを稽古したらいいか分からない。どうしよう」と困り、思わず、「迷ってるんだけど、明日、このシーンを稽古したいっていう希望ある？」と聞いてみました。

最初、みんなはキョトンとしました。演出家というものは、常に的確な指示を出す人で、迷いを見せる存在だとは思われてなかったからです。でも、俳優やスタッフは徐々に、「俺はこのシーンをやりたい」とか「私はこの部分をもう一度稽古したい」と言ってくれました。

希望がたくさん出て、さあ、どうしようと思った時に、また「希望がたくさんなんだけど、明日の稽古時間は×時間だから、全部は無理なんだよね」と言いました。すぐに、「じゃあ、僕はちょっとの稽古でもいいから」とか「私はじっくりやりたいの」とか、みんな、口々に言ってくれました。

その言葉を聞いて、僕は明日の予定を決められました。

一人で決めている時より、ずっと楽に的確な予定が作れたと思います。劇団員が、おおむね、満足したからです。

僕は「なんだ。自分の頭だけじゃなくて、みんなの頭を使わしてもらえばいいんじゃないか。聞くだけで、ずいぶん、楽になるぞ」とホッとしました。

それまでは、リーダーというものは、なんでも自分で全部考えて、自分で決めて、自分で責任を取らないといけないと思い込んでいたからです。

それ以降、僕はリーダーと呼ばれる人を観察するようになりました。

有能なリーダーと呼ばれる人は、自分で「勝手には」決めない人でした。必ず、現状をメンバーに説明し、何が足らなくて、何が求められているかを共有して、議論を始めました。

ダメなリーダーと思われている人は、とにかく、自分で決めて、自分で指示を出して、自分で責任を取ろうとしていました。組織のメンバーは、いったい何が問題で、何が求められているか、根本（こんぽん）のところが分からないまま、その指示に従（したが）いました。当然ですが、納得してない顔をする人が多くいました。

リーダーが「何を考えているか分からない」ではなくて、「何を考えているかよく分かる」という状態にすることが大切だと気付いたのです。

「明日、このシーンを稽古したいっていう希望ある？」という僕の言葉は、演出家がフレンドリーだとか正直だとかという意味ではなく（もちろん、それも大切ですが）、「演出家が、明日の稽古のメニューを決められていない」という情報を組織に流通させたのです。

もちろん、リーダーは責任を取る人です。みんなの意見を聞いても、最終責任はリーダー自身にあります。みんなが言っている通りに決めても、その責任はリーダーが取ります。それが、リーダーなのです。

自分で責任を取ることと、組織に情報を流通させて、メンバーに思考する雰囲気を作ること・メンバーの知恵を借りることは別です。

組織というのは、うかうかすると、すぐに淀（よど）みます。情報が淀めば、組織が淀みます。組織が腐（くさ）ってくる一番の原因は、情報が流通しないことです。

一部の人達だけが情報を握（にぎ）って、焦（あせ）って、心配して、苛立（いらだ）つのです。情報を知らされてない人は、どうしてそんなに焦っているのか分からないので、ノンキだったり無関心だったり勝手なことをします。それを見て、情報を持っている人は、ますます焦り、苛立ち、怒ります。

問題は、やる気のある人と無関心な人の対立ではなく、情報が流通してないことです。

リーダーは、情報を隠そうとしているのではありません。情報を淀ませてしまうリーダーは、自分で決めないといけない、自分が判断しないといけない、自分で責任を取らないといけない、と焦っているから、情報を抱え込んで、流通させる余裕がないのです。

決めないといけないことがあまりにも多くて、リーダーがオーバーワークになっている時にも、情報は淀みます。その時は、勇気を持って「決めなきゃいけないのに、まだ決められてないことは、以下の5つ。本当にごめんなさい。知恵を貸して下さい」と情報を流通させるのです。

もし、部内で対立があったら、リーダーの仕事は、どっちが正しいとすぐに判断することではなくて、「部内には、こういう対立がある。こっちの意見はこういうこと。こっちの意見はこういうこと。対立点は、ここ。こっちを選ぶと、こういうマイナスとプラスがある。こっちだと、これ」と情報を整理することです。

さて、一輪車さん。部活で一輪車さんは、どんなリーダーですか？

なんでも自分で考えて、自分で決めて、自分で責任を取らないといけないと、肩に力が入っていませんか？

ちゃんと「今、私はこういう状況で大変なので、判断力が鈍っているから聞くけど、今、必要と思うことは何？」なんて、下級生と情報を共有していますか？

一輪車さんは17歳なのに、自己分析が鋭いとほめましたが、実を言うとちょっと鋭すぎるんじゃないかと思っています。なんだか考えすぎているように感じます。なんでも自分でちゃんとやらないといけない、自分がしっかりしなければいけない、自分が的確な判断をしなきゃいけないと思い込んでいるんじゃないかと心配するのです。肩の力を抜いて、下級生の頭を使わせてもらいながら、情報を流通させてみませんか？

今、一輪車さんが目標としていること、一輪車さんが部活に必要だと思っていることと、一輪車さんが悩んでいること、をフランクにオープンにみんなと共有するのです。

それは素敵(すてき)なリーダーだと思いますよ。

相談12

6年間つきあい、別れたのですが、DV体質だった彼への怨む気持ちが止まりません

29歳・女性　そら

3年前に6年間交際をした男性と別れました。理由は相手の長年にわたる嘘が発覚し、今まで溜まっていたものが爆発……私から別れを切り出した形です。相手はDV体質だったので、6年間辛い思いをした事の方が多い日々でした。別れてから連絡をとることは一切ありませんでしたが、彼は未だにSNSで度々私の悪口や昔話を書いている状態です。

6年間の苦痛や嘘、SNSでの書き込み等があり私は未だ彼を許す事が出来ないでいます。怨みさえ持っています。「怨んでいても何も解決しない。時間の無駄。自分が苦しむだけ」だと分かってはいても、自分の怨む気持ちが止まることは無く、どうしていいのか分かりません。

相手を許す、という行為の難しさに頭を悩ませています。

……

そらさん。苦労していますね。はっきり言いますが、許す必要はないと思いますよ。許せることではないですからね。

ただ、怨み続けるのは、体力もいるし、後ろ向きに生きることですから、そらさんの人生がもったいないと思います。ちゃんと別れることができたのですから、これ以上、バカな男に引きずられるのはとても損なことだと思います。

ひとつ気になるのは、「彼は未だにＳＮＳで度々私の悪口や昔話を書いている状態」というのは、どうして知っているのでしょう？

誰かが教えるのですか？　まさか、そらさんが彼のＳＮＳを見ているのではないでしょうね。

「去る者は日々に疎し」という諺は知っていますか？　どんなに親しかった者も、離れてしまえば忘れていくものだ、ということです。

彼のことを忘れるためには、とにかく彼の情報を一切遮断して、疎くなることが必要なのです。定期的に彼の今を知ってしまうと、忘れられるわけがないのです。

許そうとするのではなく、彼の情報を遮断すれば、彼のことを思い出す頻度は間違いなく減るはずです。

別れて3年間、どれぐらい彼の情報と接していたのでしょうか？

3年間、まったく接しなければ、ずいぶん、状況は変わったと思うのですが。

もし、1年間、まったく彼の情報を遮断しても、一日に彼のことを思い出す回数が減らないのなら、精神的なトラウマを疑った方がいいと思います。その場合は、心療内科やメンタルクリニックの受診をお勧めします。

ちゃんと話を聞いてくれるお医者さんに会うまで時間がかかるかもしれませんが、根気よく探して下さい。

忘れるための一番いい方法は、もちろん、新たな恋を始めることですが、まだまだそんな気にならないのなら、とにかく、彼のことを一切、考えないこと。

許そうなんて思うことは、彼のことを考えているということですからね。許そうとか許せないとか思うのではなくて、とにかく、彼に関する思考を頭から追い出すこと。

美味しいものを食べて、旅行に出て、いろんな小説や映画、演劇、ネットドラマなんか見て、楽しいことで頭をいっぱいにするのです。

「彼のことを考えないようにしよう」と思ったら、ダメですよ。そう思ったら、絶対に考えてしまいますからね。「白いワニのことを絶対に考えるな」と言われたら、絶対に白いワニのことを考えてしまうでしょう。

だから、「彼のことを考えない」ではなくて、他のことで頭をいっぱいにするのです。

6年つきあって、その後3年悩んで、計9年も、彼にそらさんの人生の時間を使っているんです。もう充分でしょう。

未来を考えましょう。楽しい未来を。悔しい過去ではなく。

大きなことから小さなことまで、いろんな楽しみが待っていると思いますよ。

相談13

決断したがらず、選ばなかった選択肢に未練を抱き、私の判断を非難することもある妻に困っています

30歳・男性　白山羊

決断したがらない妻に困っています。

結婚して3年になる私の妻は、なにかと決断をしたがりません。

例えば、最近生まれた子供の皮膚に発疹が出たのですが「小児科で診てもらう」、もしくは「皮膚科で診てもらう」のとではどちらが良いか、と相談された際、私は「乳児だからまずは小児科の先生に診てもらって、必要なら皮膚科を紹介してもらおう」と答えました。

すると妻は「皮膚のことだし皮膚科の方がよくわかるし近くに評判の良い病院がある」と返してきました。予め近所の病院までチェックしてくれていたこと、また私より子供と一緒にいる時間が長い妻の考えを優先し「なら皮膚科を受診しよう」と返事

したのです。

ところがその直後「でも乳児のことは小児科の先生の方が詳しいから小児科がいいと思う」とも話してきたのです。そしていつも最後は「あなたが決めて」と言われてしまいます。今回の場合は小児科に連れて行き、丁寧な診察を受けたのですが、帰ってくるなり「やっぱり皮膚科を受診した方が良いのでは」と、私の決断に不満を抱いているようでした。

このように2つ以上の選択肢がある場合に、選ばなかった選択肢に対してすごく未練のようなものを抱き、場合によっては私の判断を非難することがあります。

今後の生活の中で選択を迫られる場面が何度だって訪れることを考えると憂鬱です。

お互いがうまくやっていける方法はありませんか？

白山羊さん。奥さんが、どんなふうに育ってきたか、話しあったことはありますか？
これは僕の一方的な考えなのですが、奥さんは、ひょっとしたら、ずっと親から否定されてきたのじゃないでしょうか？

決断するということは、責任を引き受けるということです。学校の勉強は、何が正しくて何が間違っているか明確です。間違っていたら直せばいいし、合っていれば喜べばいいです。

でも、人生の問題には、絶対の正解というものはないです。当り前ですね。どんな結論を選んでも、プラスとマイナスがあります。

１００％正解とか、１００％間違い、なんて場合は、まずないです。つまり、どんな決断をしても、責められる可能性があるわけです。

で、大人になると、そういう事情が分かってきますから、簡単には他人の決断を責めなくなります。

たまに、結果論で文句を言う先輩とか上司がいて、嫌われます。結果だけを見て「どうして、こっちを選ばなかったんだ」と当然のように責める人ですね。

でも、予測する時点で、どこまでの情報が分かっていたかを考えれば、結果的に間違っていても、ベストなチョイスをしたかどうかが問題だと、普通の大人は分かるのです。

で、奥さんは、子供の頃から、何かを決断すると、親から、「それは違うと思う」

とか「それはすべきじゃなかった」「へえ、そんな結論なんだ」と言われ続けてきたんじゃないでしょうか。どんな決断をしても、100%の正解はないのですから、否定することは簡単なのです。

その繰り返しによって、奥さんは、「自分で判断する」ということが怖くなったんじゃないでしょうか。

さらに、悪い結論が出た場合は、「だから止めたんだ」とか「間違った選択をして恥ずかしくないのか」と、さらに責められたんじゃないでしょうか。

小さい頃から、そうやって否定されてきたので、決断する自信をなくしてしまったんじゃないでしょうか。

ちなみに、奥さんの親も、同じように育てられたんじゃないかと僕は勝手に予想します。

奥さんは働いていますか? または働いた経験がありますか? 働いて、それなりの責任ある地位に立つと、「さんざん考えても、結果として間違った判断になることはある」ということが分かってきます。

「だから、その時点で考えられる範囲の判断をするしかなくて、違う結果になっても、誰も責められない」と、腹をくくるようになります。というか、くくるしか方法がなくなります。

白山羊さん。奥さんと「どうして決断しないのか？」を話してみませんか。そして、僕の予想を伝えてみて下さい。もし、その通りなら、「間違っても誰も責めないんだよ。どんなに考えても、予測が外れることはあるんだから」と優しく言ってみて下さい。

もし、僕の予想が外れていても、「どうして決断できないのか？」を一緒に話し合い、考えることは素敵なことだと思います。

相談14

容姿が悪く、告白はすべて断られました。でも人生で一度でいいから、男性と愛し愛されてみたい

47歳・女性　サバ缶

47歳、独身の女性会社員です。人生で一度も男性とおつきあいしたことがありません。人並みに恋愛の願望はあり、告白したことも何度もありますが、すべて断られました。「最初から結婚目的で活動すれば良いのでは」と思い、結婚相談所に登録したこともありますが、すべて、相手から断られました。容姿は悪いです。背が高く、和風顔で、とある男性のお笑い芸人に似ています。若い頃はよくからかわれました。

そんな私も、仕事や趣味は充実しており、男友達は多く、食事に行くこともあります。その中の何人かに告白したこともありますが、友達としてしか見られないとのことでふられました。会話、おしゃれ、思いやりなど、世の中で言われる一通りの努力をしましたが、全く報われません。一度、仕事で知り合った既婚男性から「会いた

い」と熱心に誘われ、「こうなったら、不倫でも良いから交際の経験が欲しい」と思い、会ったことがあります。酔った勢いでハグをされ、彼のことが好きになってしまいました。が、「俺はつきあう気は無いから」と言われ続け、何回か食事に行き、何回か仕事をして担当が私から別の人間になると、連絡しても返事がこなくなりました。私が好きなわけではなく、フリーランスの彼は仕事が欲しかったのだと思います。不倫でもいい、と最大の妥協をしたのに、体も求められず、気持ちを弄ばれただけでした。

もう47歳、白髪も増え、老眼も始まる年齢ですが、恋愛に関しては高校生レベルです。人生で一度でいいから、男性と愛し愛されてみたいと思う一方、無理なことはあきらめる努力をした方が良いのだろうか、とも思い、心が揺れます。こんな私に、アドバイスをいただけますと幸いです。

サバ缶さん。サバ缶さんの文章、僕の心に沁み入りました。

けれど、サバ缶さんの相談に答えるか、ずっと悩んでいました。それは、僕の回答がサバ缶さんを傷つけてしまうかもしれないと思ったからです。

今も、心配しています。でも、相談してくれたサバ缶さんの勇気に応(こた)えるために、書きます。

サバ缶さん。希望はある、と僕は思っています。

それは、サバ缶さんと同じような思いを持つ男性がいるからです。それも、たくさん、いると思います。

誰かと恋愛をしたいと思いながら、一人、居酒屋の片隅(かたすみ)にいたり、自宅でテレビを見ながら孤独に晩酌(ばんしゃく)していたりする男性は多いです。激しい孤独や淋(さび)しさにのたうちながら、自分の感情をもてあましている男性は多いのです。

サバ缶さんは大人ですから、はっきり言いますね。

サバ缶さんと同じ年、47歳ぐらいの男性だと、恋愛対象の女性は、まだ20代後半とか30代を夢見る人が多いです。

なおかつ、本書の「相談5」で書きましたが、「可愛(かわい)い女性がタイプ」だと答える男が多いです（交際が現実的かどうかに関係なく、です。この話は後述します）。

そう希望している男性と恋に落ちるのは、「男性のお笑い芸人」に顔が似ていると自分のことを言うサバ缶さんでは、かなり難しいと思います。

いきなり、すごいことを言いますが、何人かの有名な女性の結婚詐欺師のことをサバ缶さんは覚えていますか？　お金をだまし取ったり、保険金をかけて殺害したりして、死刑判決を受けた女性もいました。

彼女たちの容姿がマスコミで紹介された時、多くの人は驚きました。少しも美人ではなく、あきらかにおばさんで、小太りだったり、地味だったりと、次々に男性をだましていった結果とまったく結びつかなかったからです。

ものすごく口がうまかったからとか、献身的に尽くしたからだとか、いろいろ言われましたが、一番の理由は、「男がものすごく淋しかったから」だと僕は思っています。

「お金があっても孤独に悲鳴を上げている」とか、「淋しさが老化を加速している」とか、「なぜかずっともてなかった」とか、そういう男性を相手にしたから、次々に虜にできたのだと、人間の心理をついたからだと、僕は思っているのです。

サバ缶さん。傷つけたらごめんなさい。サバ缶さんの文章があまりにも僕の胸に突き刺さったので、僕は掛け値なしの本音を書いています。

もし、サバ缶さんが恋に落ちたいと思う相手が、バリバリ仕事をこなしている自信満々の40代とか、いわゆる男性的魅力に溢れているとか、とてももてている男性だとしたら、それはかなり難しいと僕は思います。

でも、サバ缶さんと同じように、恋愛に縁がなく、孤独に苦しみ、恋愛に憧れ、傍に誰かいてほしいと願っている男性なら、サバ缶さんと恋愛が始まる可能性があると思うのです。

女性に全然もてないような相手となら、恋愛なんかしたくない、と思うかもしれません。

でも、僕はどんな相手であっても、恋愛しないより、恋愛した方が素敵だと思っています。

現実に交際できるかどうかを考えないで、いくつになっても、「可愛い女性がタイプ」としか言わない男性のことを書きました。

そういう男達は、人の恋愛に対しては評論します。そして、自分は理想だけを語ります。それは、例えば、野球で言えば「大リーグだけが野球だ」とか「日本のプロ野球は最高」と観客席で語る人と同じです。自分では決して野球をしないで、ただ、観客席で野球を見て、辛辣な批評だけするのです。「あんなことをして恥ずかしくないのか」とか「信じられないね」とか言います。

でも、もし、もっと野球を楽しみたい、見るだけじゃなくて、やってみたいと思った時に、分岐点に立ちます。

ひとつは、「大リーグ並みの技術がない自分は恥ずかしくて、野球なんかやってられない」とやめてしまうタイプです。

そして、もうひとつは、「大リーグやプロ野球のような技術はない。でも、河川敷でやる草野球は楽しい」と、自分なりの楽しさを見つけられるタイプです。

観客席に居続けるだけでは、決して、見えてこない野球の楽しさです。大リーグの観客席にいる人は、草野球を見てバカにするかもしれません。でも、そんなこと、関係ないのです。

野球にたったひとつの正解がないように、恋愛にもたったひとつの正解があるわけではないと思っています。

他人がなんと言おうと、当人たちが満足してれば、それは素敵な野球だし、恋愛なのです。

もちろん、どんな相手だろうと、恋愛のためには、サバ缶さん自身がおしゃれに気を配り、メイクや髪形をちゃんと意識することはとても大切です。健康的なスタイルの維持も欠かせません。

「会話、おしゃれ、思いやりなど、世の中で言われる一通りの努力」をしたとサバ缶さんは書きますが、女性としてはもちろん、人間的魅力を維持するためにも、努力し続ける必要があります。

その上で、恋愛相手の探し方をひと工夫するのです。

サバ缶さんと同じように淋しさを感じている男性、恋愛に奥手だと感じる男性、孤独に苦しんでいると見える男性に目を向けてみるのです。

レストランや居酒屋での出会いや見方も違ってくるでしょうし、ネットでのペア探しの基準や水準も変わるでしょう。

まず、いろんな人と出会える機会、趣味のサークルやお出かけを増やすことが、とても大切だと思います。

サバ缶さん。どうですか？　これが僕のアドバイスです。

淋しさにさまよう男性はたくさんいます。孤独に悲鳴を上げている男性もたくさんいます。恋愛に焦がれて、でも諦めている男性もたくさんいます。

そのなかに、気の合う男性を見つけることができるんじゃないかと、僕は思っています。

そんな一人と、サバ缶さんが出会えることを心から祈ります。

相談15

役者の道を諦めて他の道に進むべきか。鴻上さん、あなたなら私にどんな言葉をかけてくださるのか知りたいです

30歳・女性　あい

鴻上さん、こんにちは。私は役者の道を諦めて他の道に進むべきか悩んでいる30歳です。

今まで、沢山レッスンや芝居のお勉強へ投資をしてきました。時間も使ってきました。

名の知れている事務所や劇団に入れても、オーディションでは中間審査などで弾かれたり、履歴書に堂々と書ける経歴は殆どありません。

経験を積むためにニューヨークでミュージカルの勉強もしてきました。それでも大きな実績を作れませんでした。

自分がこれまで受けた膨大なレッスンから受け取ったものや自分の才能を信じて今

までやってきました。
でも30歳で大した実績もなく、特別美人でもない私はもう、堅気としてもスタートが遅すぎるでしょう。（先日受けた就職面接で「どこでも相手にされなかった貴女がどこにいってもやっていけるわけがない」と言われました）
「今やめると今までの努力や才能がもったいない」と言う人もいれば、「夢見てる時間がもったいないからちゃんと仕事した方がいい」と言ってくれる人、どちらもいます。
鴻上さん、あなたなら私にどんな言葉をかけてくださるのか知りたいです。宜しくお願い致します。

…………………………………………

あいさん。悩んでいますね。1冊目の『ほがらか人生相談』相談16で、俳優志望の息子に対するアドバイスを親御さんから求められたことがありました。
あいさんの相談は、俳優を目指した人がその後にぶつかる問題だと思います。
まず、はっきり言って、将来に対して不安じゃない俳優なんていないと思います。

どんなに売れていても、です。周りから、あの人は売れて、俳優業でちゃんと生活できていると思われていても、「いつまで、この仕事は続くんだろう」と一瞬でも不安にならない人はいないでしょう。

ましてて、俳優業で生活できず、バイトしながら生活している人はみんな不安です。不安であることが当り前です。

あいさんの悩みは、あいさんだけの悩みじゃなくて、日本だと何万人もいる俳優そのものの悩みです。世界だと一千万人以上の俳優の悩みです。

もっと言えば、クリエイティブな自由業の人、全員の悩みでもあります。作家志望、ミュージシャン志望、ダンサー志望、マンガ家志望、声優志望、まだまだいるでしょう。

じゃあ、なぜ、不安に打ち倒されないで続けられるのかといえば、これはもう「好きだから」しかない、と僕は思っています。

僕は昔、自分の芝居で、作家になりたいんだけど「自分に小説を書く才能があるかどうか悩んでいる」男性に、別の人が、「才能とは、夢を見続ける力のことですよ」と言うシーンを書きました。

作家としての才能があるのかないのか。俳優としての才能があるのかないのか。

そんなことは、誰にも分かりません。

ワークショップとかオーディションをやっている時に、たまに、「鴻上さん、私には俳優の才能はあるでしょうか？」と聞かれることがあります。

そんなこと、分かるわけがありません。分かるのは神様だけでしょう。でも、演劇の神様は「才能はないね」と言うかもしれませんが、芸能の神様は、「才能はないけど、作品に恵まれて、実力がないまましばらく売れるよ。その後は、ダメだけどね」なんて言うかもしれません。

でも、僕は人間ですから、まったく分かりません。

だから、才能という言葉を「向いているか向いてないか」とか「能力や可能性」「真価（しんか）」なんて考えるのではなく、単純に「夢を見続ける力」だと僕は定義したのです。

夢を見続ける力が強いと、どんなことが起こるか――。

例（たと）えば、「仕事のためにダンスレッスンを受けないといけない」と思ってやっている人と、「ダンスが好きで好きでたまらない」と思ってやっている人は、結果が大きく違います。

「売れるために演技がうまくならなければいけない」と思って演技のレッスンを受けている人と、「演技することが好きで好きでたまらない」と思って受けている人も、結果が大きく違います。

義務とか仕事とか修行とか思ってやっている人と、単純に大好きだから誰に言われなくてもやっている人とでは、たどり着く山の高さが全然違います。好きでやっている人には、誰も勝てないのです。

「夢を見続ける力」というのは、つまり、誰に命令されてるわけでもないのに、自分のやりたいことを勝手に情熱をもってやり続けられる力です。

そこには、「こんなことをしていていいんだろうか？」という疑問はありません。だって、やりたくてしょうがないんですから。

逆にいえば、「こんなことをしていていいんだろうか？」という疑問を持った時が、「才能」がなくなった瞬間です。

それが「才能とは、夢を見続ける力のことですよ」という意味です。

さて、あいさん。

もし、僕があいさんに直接、アドバイスを求められたら、「迷っているということは、夢を見続ける力がなくなったということですね。だったら、もうやめた方がいいかもしれませんね」と言うと思います。

俳優をやめた人達をたくさん見てきました。一時的に、誰かに背中を押されて続けることになっても、「夢を見続ける力」がなくなった人は、必ず、途中でリタイアしました。背中を押されながら、歩き続けることは不可能なのです。

でもね、あいさん。もし、俳優をやめるとしても、それは決して「世界の終わり」ではないのです。それは、次の人生へのスタートです。

面接で言われた「どこでも相手にされなかった貴女がどこにいってもやっていけるわけがない」なんてアホな言葉を真に受けてはいけません。質の悪い大人はどこにでもいます。

この面接官の頭は、新卒一括採用の終身雇用の年功序列の昭和のままなのでしょう。

今度また言われたら、鼻で笑って無視するか、「グローバル化の波が押し寄せる転職の時代にそんなこと言いますか?」とか「『適材適所』という言葉を知っていますか?」なんて言い返せばいいと思います。

30歳まで、あいさんは「表現のレッスン」を続けてきたのです。適切な職場では、充分な力を発揮するスキルです。それは間違いありません。

と、書きながら、就職するという結論しかないと思っているわけではありません。

「俳優は三度揺れる」という言葉があります。まあ、僕が作ったんですが。

俳優を続けるかどうか、「大学卒業の時」「30歳になる時」「結婚する時」の三度、揺れるのです。

30歳の区切りで、あいさんは揺れているのです。

どうですか、あいさん。僕はこんな風に考えます。

結論を出すのは、あいさんです。

どっちの結論を出しても、後悔します。人生にパーフェクトな正解なんてものはありません。僕がよく言うように、「人生は0か100か」ではなく、67点とか49点とか81点とかの結論を引き受けて、「それが人生さ！」と青空を見上げて生きていくものです。

手がかりは、自分には「夢を見続ける力」があるかどうか。

あいさんの人生を決めるのは、あいさんです。

相談16

20歳年下の彼に結婚の意思がないとわかり、失恋と無職……耐えられるかどうか不安です

51歳・女性　ひまわり

新卒以来、長年働いた会社を早期退職しました。

専門職として昇進もし、親の財産を少し譲り受けていることもあり貯金が十分にあること、好きではない仕事でいよいよモチベーションが上がらなくなり、そんな自分が情けなかったこと、そして何よりこれからの人生、やってみたかったことを先送りにしないように生きていかないと後悔するだろうと思い決意しました。

退職後は、大学の社会人向け講座や運動や習い事で毎日忙しく、本気でやりたいことはこれから2、3ヶ月かけて考え、最終的には海外留学でもしてみようかと考えているところでした。

そして頭のどこかでは、2年近く付き合っている彼がいずれは結婚してくれるので

はないか……と期待していました。将来の話は二人ともどこか避けているところがあったのですが、今日勇気を出して聞いてみたところ、彼は結婚の意思はどうやらないようで今軽いパニックです。

彼はまだ別れると決まったわけではないよと、仕事が落ち着く今月末にきちんと話そうと言ってくれました。

実は彼は20歳年下で、当初は申し訳ないと思ったりすごく戸惑いました。でも彼は年齢は全く気にならない、私の独特の感性も外見も好きだと言ってくれました。

私もこれまで付き合ってきた誰よりも、前向きな生き方が刺激的で尊敬でき、優しいところや外見も大好きで、嫌いなところは全く見当たりません。

年齢差は常に気になりながらも、二人で海外旅行にも沢山行き、幸せな時間を重ねてきました。喧嘩も一度もしたことがなく、今でも仲はいいんです。

ただ将来のことを考えたときに、子育てをしてみたいんだと言われました。私は卵子の凍結等していませんし、子供を産むことはもうできません。あと10歳でも若ければなんとかなったのではと思うと苦しいです。

気を紛らわせる仕事も現在なく、家族（両親、兄弟）とも遠く離れて住んでおり友

達も多い方ではありません。もし大好きな彼を失ったら耐えられるんだろうかと、不安で不安で息が詰まりそうです。海外に留学して生きる世界を変えるしかないか……と思ったりします。

鴻上さん、もし別れることになったらどうやって生きていけばいいんでしょうか？　自分で考えるべきことで甘えているかもしれませんが、鴻上さんのご意見を聞いてみたいです。

ひまわりさん。話し合いは終わりましたか？

もし、彼が「子供はいらない。結婚しよう」と言ってくれたのなら、もう相談する必要はないですね。

でも、もし、「子供が欲しいから別れよう」か「このままの関係を続けたい。でも、子供は欲しいから、結婚相手は別な人を選びたい」という悲しい結論だとしたら、僕の出番ですね。

本書の「相談14」で、47歳の恋をしたい女性の相談に答えました。

きっと、あなたなりの人が見つかると思いますよと僕は答えました。

その時、じつは、恋人を見つけるための選択肢として、意識して書かなかったことがひとつあります。

それは、「思いきって海外に飛び出てみる」です。

西洋社会では、日本人はとても若く見られます。平均して10歳は若く思われます。そして、「献身的に尽くしてくれる」とか「思いやりがあって優しい」とかの良いイメージがなんとなく広がっています（日本人男性のイメージは、「共働きなのに、家事も育児もしない」です。とほほ、ですね）。

アジアだと、日本女性ということで文化的に尊重してくれる国が多いです（もちろん、例外はありますが）。

つまり、海外では、日本人女性の「恋人探し」「婚活」は、かなり有利なのです。

僕の知り合いには、30代後半から40代で、海外に飛び出て、そこで、年下の外国人男性を伴侶とした人が何人もいます。

じゃあ、なぜ、「相談14」では「海外に出よう」という選択肢を書かなかったのかというと、「海外に出たら、絶対に相手が見つかるとは限らない。海外が苦手なのに、無理して出て失敗したら、傷が深すぎる」からです。だから、無責任に「海外に出たらどうですか？」とは書けなかったのです。

でも、ひまわりさんは、最初から「海外留学」を選択肢に入れています。そういう人には、間違いなく、海外に出ることを僕は大いに勧めます。

ひまわりさんは、20歳年下の男性と素敵な恋愛を続けてこられた人です。つまりは、ずっと女性としてのいろんな意識をちゃんと持ち続けてきた人だと思います。

そういう人は、海外ではもてます。請け合います。

20歳年下の彼のことは、残念ですが、心の整理をつけて、次の人生を始める準備に取りかかった方がいいと思います。

なにより、海外留学は楽しいですよ。

51歳で、新しい人生が始まると思えば、ワクワクするじゃないですか。恋愛相手が見つかるかどうかは、残念ながら、結果論です。

でも、ひまわりさんは、一部の「日本人女性であること」しかウリのない、ただ「相手を探すために海外に来た」人とは違うと思います。

まず、海外で、自分のやりたいこと、学びたいことを見つけ、そこに向かって努力する。そういう人の方が、パートナーが見つかりやすいのは言うまでもありません。

さあ、行きましょう。とっとと行きましょう。

お勧めは、アジアより欧米ですが、とにかく、資料を取り寄せ、ネットで調べて、場所を決めましょう。

悩んだり、落ち込んでいる暇（ひま）はありません。

第二の人生のスタートです。

なんて素敵なことなんでしょう！

相談17

小学4年〜中学2年まで受けた壮絶ないじめが忘れられず、苦しいです

42歳・女性　やなな

昔受けたいじめが忘れられず、苦しいです。

私は小学4年〜中学2年まで、それは壮絶ないじめを男子から受けていました。

「ただ気に入らない、ムカつくから」という理由だけで。他にも理由はあったのかも知れませんが、今となってはそれしか確かめようのない事実として残っているのでこう書きます。

教科書は切られる、体操着は切られる、机の中に牛乳を入れられる、墨汁を入れられる、ゴミを入れられる、私の持ち物はゴミ箱に入れられる、給食の中にチョークの粉を入れられる、弁当を捨てられるなどはほぼ毎日のことで。

挙げ句の果ては強姦すんでのところまでいきましたよ。紙袋をかぶせられ、下着を

下ろされて。（未遂で済みましたが）
誰も助けてくれませんでした。親は、学校へ行かないなど何事かと私を恫喝し、泣いて嫌がる私を無理やり学校へ引きずっていき、兄はそれを知らん顔を決め込んで見て見ぬふりをしていました。

誰もかれもが、私の敵でした。味方は私自身しか居なかったのです。

私は何度も死のうと、高いところにあがったりもしてみました。けど死ぬなんて勇気は無かったので現在に至ります。今は結婚して一女をもうけ、まあ幸せですが、時々、その壮絶ないじめを思い出し、なんとか復讐してやりたいと憎悪の念に駆られます。

幼い娘がこの事実を知ったら、きっと傷つくでしょう。彼女は知らなくていいことなので、娘には一生話さず、私の胸にしまっておくことにしますが、時々、私の人生を踏みにじってきた男子たちはきっと、私をいじめ、死まで考えるほど追いつめたことなど綺麗に忘れ、幸せになり、のうのうと生きているのだろうかと思うとたまらなく虚しく、悲しく、どうしようもない憎悪が湧き上がってきます。

鴻上さん、どうしたら、この辛い過去を忘れて生きられるでしょう。どうすれば憎悪を抱かなくて済むでしょうか。ご回答よろしくお願いします。……

やななさん、苦しみましたね。やななさんをいじめ、絶望させ、なのに、おそらく、今はそのことを忘れ、のうのうと生きている男子たちのことを思えば、殺意のような憎悪が湧き上がることは当然だと思います。

やななさんが、もし、二十代なら、僕は「悔しいけれど、忘れて、前向きに生きませんか。楽しいことを見つけて」と言ったかもしれません。

でも、やななさんは、42歳になっても、昨日のことのように感じているのですよね。

それは、やななさんの魂にまで刻まれた深い傷だということです。

つまり、病院で治療しなければいけない大ケガだと、僕は思います。

軽い傷なら、素人でも治療できます。親友にアドバイスをもらうとか、恋人や家族に話すとか、です。でも、大ケガは素人が治療してはいけません。まして、一人でなんとかしようと思ってはいけません。それは不可能です。

必要なのは、自分一人で「忘れよう」とか「復讐しよう」とか悩むことではなく、適切なカウンセリングを受けることだと僕は思います。

心療内科か精神科かメンタルクリニックか、ゆっくりと話を聞いてくれるお医者さんを探すことをお勧めします。

5分話して、すぐに薬を出そうとする人は、丁寧に断って下さい。

ちゃんと話を聞いてくれるお医者さんに、30年近く、誰にも言えなかった「いじめられた思い」「彼らに対する憎悪」「家族の無理解に対する憤り」「見て見ぬふりをしたクラスメイトへの敵意」を言葉にするのです。

その思いを全部、とことんまで吐き出すのです。

それをずっと聞いてくれて、適切なアドバイスをしてくれるのは、お医者さんしかいないと思います。

「どうしたら、この辛い過去を忘れて生きられるでしょう。どうすれば憎悪を抱かなくて済むでしょうか」とやななさんは苦しみますが、忘れよう、憎悪を抱かないようにしようと結論を出す前に、辛い過去や憎悪と向き合い、ゆっくりと言葉にして、聞いてもらうことが、やななさんが楽になるための大切なステップだと僕は思います。

苦しい思いは、ずっと心の奥にしまっているからこそ、ずっと残り続けているのですから。

時間はかかるでしょうが、ゆっくりゆっくり、話し始めませんか。やななさんに合ったお医者さんを探すところから始めることを提案します。

病院やクリニックの門を叩くことに、最初は抵抗があるかもしれませんが、それは一瞬のことです。30年間、苦しみ続けたことに比べたら、なんでもありません。

「ああ、この人は私の話をちゃんと聞いてくれない」と感じたら、すぐにやめればいいだけです。

そして、「この人になら、今までの思いを話せる」と感じる人を辛抱強く、探して下さい。これもまた、30年に比べたら、一瞬のことです。

やななさんが、素敵なお医者さんと出会えることを祈っています。

相談18

とても優しくて、ずっと一緒にいたいと思う彼氏がいるのですが、動画を撮りたいという彼の性癖に悩んでいます

26歳・女性　こだま

鴻上さんこんにちは。毎回連載を拝見させて頂いています。とても悩んでいることがあるのでお便りを送りました。

わたしには26歳の同い年の彼氏がいます。彼はとても優しくて、とてもわたしのことを好きでいてくれています。わたしもとても彼のことが好きで、できるならずっと一緒にいたいなと思っています。

ですが、彼の性癖が受け入れられずに悩んでいます。それは行為を動画で撮りたいということです。初めは軽い気持ちで言っているのかと思い嫌だと伝えましたが、その後、元カノとの動画をまだ持っていると言われ、わたしの動画が撮れなければ消さないと言われました。何度も頼み込み元カノの動画は削除してくれたようなのですが、

どうしてもわたしの動画を撮りたいと言われます。

彼はわたしに会えない時にどうしてもわたしの動画を1人でするときに見てしたいようで、ネットにアップするつもりなどないと言っています。とはいえ、何かの拍子に流出する可能性もないとは言い切れないし、そもそもそんな動画を撮られることも嫌なのですが、彼のことは好きなのでどうしたら良いのかわかりません。かれこれもう半年間悩み続けています。

友人に相談してもみんな別れた方がいいと言います。わたしも別れた方がいいのかなと思いつつ、好きな気持ちが強いので踏み切れずにいます。性癖は個人のものなので、やめてと言ったところでやめられるものではないことはわかっているのですが、それでもできるなら彼と一緒にいたいと思ってしまいます。

どうしようもないことだと思って別れるべきなのでしょうか？　やっぱり好きだから何とかして改善策を探すべきでしょうか？

鴻上さんならこんなわたしに何とアドバイスして下さいますか？

こだまさん。僕の結論は、友達と一緒です。何度頼んでも、どうしても動画を撮りたいと言うのなら、別れるしかないと思います。

こんなにこだまさんが嫌がり、困惑し、抵抗しているのに、それでも、自分の要求を譲らないということは、彼は本当にこだまさんのことを愛しているのかと、根本的なことまで疑問に思ってしまいます。

相手がどんなに嫌がろうと自分の要求を通そうとするということは、これから先、もし長い時間、一緒に過ごすことになったら、性癖だけに限らず、他でも同じようなことが出てくるんじゃないかと心配します。

こだまさんの気持ちより、自分の快感、欲求ということです。

少し前、ツイッターで、高熱で寝込んでいる妻に夫が、「夕食の時間だよ」と言いに来て、（夫が夕食を作ってくれた）と妻が感激したら、そうではなくて、夕食の時間が来た、早く夕食を食べたい、作って欲しいという意味だったというホラーのような話が話題になっていました。

相手の事情ではなく、自分の欲求を優先した結果です。

「性癖は個人のものなので、やめてと言ったところでやめられるものではないことは

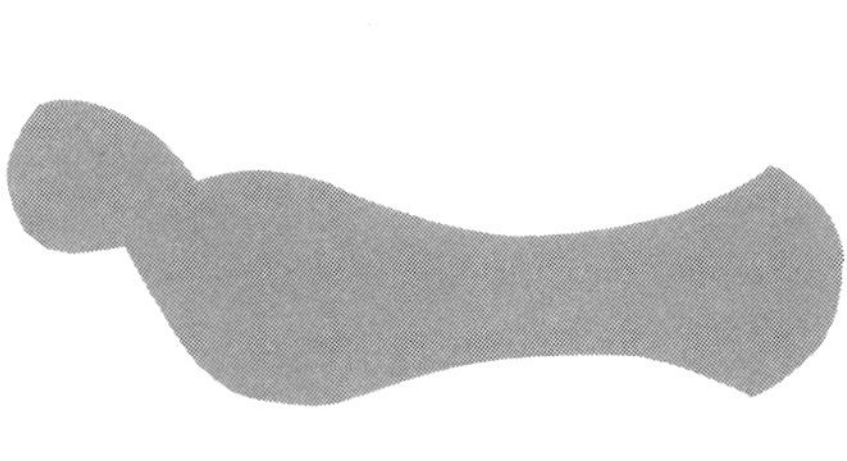

わかっているのですが」と、こだまさんは書きますが、違います。

性癖がどうしてもやめられないのなら、この世界は、犯罪者だらけになります。

社会的に許されない性癖を止めるのは、一般的には、社会的制裁です。法を犯して犯罪者になりたくないから、みんな自分の性癖を抑制するのです。

でも、一番強力な動機は、愛する人が嫌がるかどうかです。相手が嫌がるから、自分の性癖を要求しない。それが、恋愛関係にある二人のルールです。

「元カノとの動画をまだ持っていると言われ、わたしの動画が撮れなければ消さないと言われました」という言い方は、実は、完全にアウトです。こだまさんは、彼のことを大好きになっているので、このヤバさにはっきりと気付いてないと思いますが、この言葉からは、彼の愛を感じません。ただ、自分の欲求だけ

を感じます。

動画を残す危険性は、こだまさんが予想している通りです。将来、二人の仲がこじれて、リベンジ・ポルノとして使われるという危険性だけではなく、彼のスマホやパソコンに残る動画が、予想もつかないソフトやきっかけによって、どんな形で流出するかは、誰にも分からないのです。

大きな声で言えない性癖を持っていることは、悪いことでも珍しいことでもありません。

ただ、それが社会的に問題だったり、愛する人が嫌がったりする場合は、なんらかの代償行動によって、その欲求を解消するのが人間の知恵です。

例えば、他人の家のお風呂を覗きたいという強烈な性癖があって、そのまま実行したら犯罪者になる場合、盗撮ドキュメントと銘打たれたアダルトビデオを見るとか、覗きがテーマのアダルトコミックを読むという行動で、自分の性癖となんとか折り合いをつけて生きていくのです。

　こだまさんの彼は、今までの彼女のように、こだまさんも自分の性癖をやがては受け入れてくれると思っているから、要求を言い続けているのだと思います。

　どうしても、動画を撮りたいのなら、別れるとはっきり言うべきでしょう。

　私のことを大切に思っているのなら、二人の動画を撮る代わりの代償行動を考え、それで折り合いをつけて欲しいと言って下さい。

　その時の彼の反応によって、こだまさんのことをどれぐらい愛してくれているのか、こだまさんの立場にどれぐらい立ってくれるのかが分かると思います。

　彼の態度や言葉に傷つくかもしれません。でも、だらだらと長く苦しむよりも、ちゃんと結論を出すことは、はるかに前向きなことだと思います。

相談19

一時の恋愛で息子の人生をだめにしないように、という親心が「毒親」呼ばわりされなくちゃいけないのですか？

62歳・女性　みどり

アニメグッズを捨てた母親を恨む男性の投稿を読んで（編注：本書の「相談7」参照）、私と息子のことのようで心が波立ちました。Twitterなどでもみなさん、その親御さんのことを「毒親」だと非難ばかりしています。でも、息子のことを思ってした親が、そんなに悪者で毒親呼ばわりされなくちゃいけないんでしょうか。

私は息子が高校生のときに、ポストにあった息子の彼女からの手紙を、読んでしまったことがあります。その頃、息子はその子とつきあいだしてから、帰宅が遅くなり、その子とのデートのためにバイトをするようになり、あきらかに利用されて振り回されていました。交際に反対しても聞く耳をもってくれませんでした。

手紙には、その子から別れ話を切り出したことの撤回と、誕生日に○○に来てほしいと日時が書かれていました。私は、その頃落ち込んでいる様子だった息子を思いながら、その子は誕生日プレゼントが欲しいだけなんじゃないかと、猛烈に腹がたち、もちろん迷いはありましたが、心を鬼にして、その手紙を数日隠してから捨てました。

それから8年経って、社会人になった息子にそのことがばれました。同窓会でその子と会ったらしいのです。

「なんでそんな勝手なことしたんだよ」と言われて、つい「知らないわよ。でもあの子に利用されてただけだったじゃない。あのままじゃ大学だって落ちてたわよ」と言い返してしまいました。

私の買い物に車を出してくれるようなやさしい息子だったのに、それからは素っ気なくなり、一人暮らしを始めてしまいました。音信不通になったわけではないですが、あそこから息子との関係は変わってしまったと思います。

もう息子は30代後半で、いまだ独身です。数年前に「結婚しないの?」と聞いたら、「よく言うよ」と蒸し返されました。まだあの時のことを許していないのかもしれません。

手紙を捨てたことを、悪いことをしたのかもしれないという気持ちもありますが、

正直なところ、それで結果はまた勉強もするようになって大学もうかったじゃないかと、やっぱりよかったのだという気持ちのほうがおおきいです。一時の恋愛で人生をだめにしないようにと、息子のためにと親心でしたことがそんなに恨まれることでしょうか。なんで還暦も過ぎていつまでもこのことで気に病まないといけないのかと情けなく思うのです。

みどりさん。ずっと気に病んでいるんですね。息子さんはもう30代後半ですから、20年近くですね。

みどりさんは、手紙を捨てたことは、「やっぱりよかったのだという気持ちのほうがおおきい」のですよね。自分ではよかったと思ったことをしたのに、息子さんが全然理解してくれないことが納得できないし、悲しいのですよね。

息子さんは当時高校生で判断力が未熟だから、私が判断しないといけない、それが親の務めだと思ったんですよね。

みどりさんは、「息子のことを思って」いれば「ポストにあった息子の彼女からの手紙を読んで捨てる」ことも許されると考える親なんですね。

世の中には、「息子のことを思って」いても「ポストにあった息子の彼女からの手紙を読んで捨てる」ことはしてはいけないと考える親もいます。

どちらが正しいと断言することはあまり意味がないでしょう。正しいか間違っているかではなく、自分が親の立場になったらどちらを選ぶか、だと思います。

それは、親として、「どこまで子供の立場を尊重するか」ということでしょう。

僕にも子供がいますが、僕は子供が、どんなに危ない恋愛をしていると見えても、子供の手紙を勝手に読んで捨てることはないと思っています。

それは親であっても、人間としてやってはいけないことだと思っているからです。子供の日記を勝手に読むとか、引き出しを勝手に開ける、なんてこともやってはいけないと思っています。

もちろん、見守っていて、ハラハラドキドキはすると思いますが、なんとか我慢しようと思っています。

それは、まあ、恋愛の真相なんてのは当事者にしか分からない、と思っていることも大きいです。どっちがどっちを利用しているか、どれぐらい負担をかけているかなんてのは、当人同士じゃないと分からないと僕は考えています。

と書きながら、例えば、もし、自分の子供が国や民族で人を差別するヘイト・スピーチを話していたり、あきらかにカルトな新興宗教に入ろうとしていたら、とことん説得するし、それでもダメなら引きずってでも止めようとすると思います。その時は、「子供の立場を尊重」している場合ではないと、僕は考えます。

でもね、みどりさん。どちらのケースでも、子供にとってはたまったもんじゃないと思うのですよ。

当人は自分の判断でやっていると思っているのに、親から一方的に「お前の判断は間違っている」と断言されるのですから。子供が、その時点で親を恨んだり、反抗するのは当然だと思います。

それでも、親としては、自分の判断に間違いはなかったと思えば、胸を張って、子供との遠くなった距離を受け入れるしかないと思っています。淋しいことですが、そのまま、疎遠になることもあるでしょう。

「あの時は、お母さんの判断が理解できなかったけど、今はよく分かるよ。あの時、手紙を捨ててくれて、本当にありがとう」なんて言葉は、ドラマでも出てこないと思います。そんなセリフを書いたら、視聴者や観客、読者から「ご都合主義にもほどがある」と責められるでしょう。

それは、本当にそれが有効だったかどうか、誰にも断言できないからです。

手紙を捨てた結果、「また勉強もするようになって大学もうかったじゃないか」とみどりさんは書きますが、行動と結果は完全にはイコールではないでしょう。

息子さんは、彼女とつきあいながら、受験が近づけば本気で勉強したかもしれません。「彼女と再びつきあうこと」は、「勉強をしなくなり大学に落ちること」と100パーセント同じことではありません。

みどりさんの頭の中では、それは完全につながっていますが、息子さんには息子さんの判断と人生があります。受験が近づいたのに、同じように遅くまでバイトをし、「彼女に利用されて振り回され」続けるかどうかは、息子さんが判断することです。みどりさんが断定することではないのです。

「その子は誕生日プレゼントが欲しいだけなんじゃないかと、猛烈に腹がたち」とみどりさんは判断しましたが、それを判断するのはみどりさんではなくて、息子さんです。

大人になった息子さんが怒るのは、「黙って捨てた」という行為の中にある、「僕が試行錯誤すること」「僕の人生の可能性」を否定されたと感じた結果だと思います。「あなたは未熟なんだから、間違いなく私の考えた結果になる」という断定が、自分の人生を否定されたように感じたのだと思います。

ちなみに、「毒親」という言葉は、子供側からの言葉です。言われた親側は納得しません。子供を虐待した親も、必ず「しつけだった」と言います。自分は子供のためを思ってしたのだ、それが結果的にエスカレートしただけだと。

「あなたのためにしているの」という思い込みと言い訳があるから、「毒親」問題はやっかいなのです。

ですから、「アニメグッズを捨てた母親」が「毒親」と呼ばれることをみどりさんは怒っていますが、子供側の判断と親側の判断が違うのは、当り前なのです。

さて、みどりさん。ちょっと仮定の話をしたいのですが、ある日、息子さんが「結婚相手」を連れてきたとします。彼女はみどりさんには、「息子さんの金目当ての女」のように見えて、息子さんはただ「利用されている」と感じたとしたら、どうしますか？

今、息子さんは30代後半だそうですが、20代だったら、みどりさんはどうしたでしょうか？
自分では納得できない相手を受け入れましたか？　それとも、「あの女はやめた方がいい」と拒否しましたか？

20代だとまだまだ判断が未熟だから、私がちゃんと判断しないといけないと思ったでしょうか？

では、今の30代後半の息子さんだとどうでしょうか？

もし、みどりさんが胸を張って「私が手紙を捨てたのは、息子が高校生だったからだ。今は、どんな女性を連れて来ても絶対に反対はしないし、すべて受け入れる」と断言できるのなら、みどりさんと息子さんの距離は、縮(ちぢ)まることはなくても、これ以上離れることはないと思います。

でも、「本当は反対したいんだけど、もう30代後半だから、世間の目はあるし、とりあえず、結婚は認めるけど、生活や孫の問題に関してはちゃんと応援して、見てあげないと」と思っているのなら、息子さんとの距離はもっと離れる可能性があると思います。

みどりさん。どちらの気持ちですか？

息子さんの気持ちは、「アニメグッズを捨てた母親を恨む男性」と同じように、今のままでは変わることはないと、残念ながら思います。

みどりさんとしては、とても悲しく辛いことでしょうが、あの当時の自分は正しいことをしたんだと、受け入れるしかないと思います。

高校生だから、そうしたんだ。成人してからは、もう、私は息子を「一人の人間として尊重している」という場合は、ひょっとしたら、息子さんが結婚した場合は、変わるかもしれません。息子さんに子供ができて親になった場合、息子さんから、「許しはしないけど、少しは理解できる」という言葉が出るかもしれません。

いずれにしろ、仮定の話です。

20年近く前のことをあれこれと気に病むより、ご自分の人生を楽しむことをお勧めします。いつまでも、息子さんのことを気に病んでいたら、息子さんも気にしてしまうと思いますから。

まだまだ、人生、先が長いんですから。

相談20

芸能人を本気で好きになってしまい、寝ても覚(さ)めてもその人のことを考えています

26歳・男性　フリッツ

とある芸能人の方を好きになってしまい苦しいです。

最初は何となくファンとして応援していただけなのですが、いつの間にか寝ても覚めてもその人のことを考えるようになってしまっています。

よく、こういった自分のような人は「表面しか見えていないのに何言っているんだか」と言われたりしますし、実際のところ、まだ見たことのない裏の顔がその人にもあるのかもしれませんが。

とはいっても今まで自分がファンとして追いかけて見てきた全てが嘘(うそ)だとは全く思えず、裏の面があってもそれを含めて好きになってしまうだろうなという予感がします。

しかしながら、当たり前ですがこの恋が叶うとは到底思えません。思えないのに、気がつくと「最近は大体30歳くらいで入籍報告する芸能人が多いからまだ時間が残されているのでは」とか「仕事などで接点を持てるようになれば可能性はあるのだろうか」とか「今の自分のスキルでどう転職すれば接点持てるんだろうか」とか、半ばストーカーじみた考えをしている自分がいて、こんなにも馬鹿みたいなことを考える自分がいることに驚くと同時に自己嫌悪してしまいます。

とはいえ、じゃあ例えば鴻上さんに「諦めなさい」と言われたところで素直に気持ちが消えるわけでもないだろうし、それこそ入籍の報告でもされて諦めざるを得ない状況になるか、全然想像ができませんが、より好きな人でも現れない限りは今の状態が続くような気がしています。

「いい大人が芸能人に本気で恋している」というこの状態と上手く向き合うアドバイスをいただけないでしょうか？

（＊その芸能人の方は自分と同じくらいの年齢ですので、未成年がどうこうとかそういうのはありません、念の為）

フリッツさん。いいじゃあないですか。「『いい大人が芸能人に本気で恋している』というこの状態と上手く向き合うアドバイス」が欲しいと、フリッツさんは書きますが、そんな都合のいいアドバイスがあるはずないです。

だって、フリッツさんが自分で言っているように「本気で恋している」んですよ。相手が誰だろうが、「本気で恋している」人に、その状態と「上手く向き合う」アドバイスなんてあるはずがないです。

恋は本気になればなるほど、周りからは滑稽に見えるものです。逆に言えば、周りから滑稽に見えないような恋は本気の恋ではありません。

周りの目を意識して、理性的に振る舞ったり、ブザマなところを見せないようにしたり、かっこつけたり、傷つかないようにセーブしたりするのは、真剣な恋ではありません。「恋のようなもの」を演じていたり、楽しんでいたり、ちょこっとかじっていたりしているだけです。

本当の恋は当事者が真剣になればなるほど、周りは呆れ、驚き、面白がり、笑い、楽しみます。そして、当事者はそのことに気付きません。もしくは気付いていても、どうすることもできません。だって、本気で恋してるんですから。

フリッツさんの場合は、恋した相手が芸能人ですから（それもたぶん、かなりのレベルの人でしょう）、激しい片思いの状態ということですね。

もちろん、人生は何が起こるか分かりませんから、両思いになるのは100パーセント不可能だと断言することはできませんが、まあ、不可能でしょう。

でも、不可能なことと、激しい恋心を持つことはまったく矛盾しません。不可能だから盛り上がる、ということも普通にあります。

「仕事などで接点を持てるようになれば可能性はあるのだろうか」とか「今の自分のスキルでどう転職すれば接点持てるんだろうか」とか、「会えればなんとかなる」と思い込んで真剣に追求するのは、本気の恋の証拠ですね。

なんだか、フリッツさんの文章を読むだけで胸がきゅんきゅんしますね。

僕は自分で言うのもなんですが、ものすごく惚れっぽい体質で、一度、起きている間は、3分15秒に一回、好きになった人のことを考えていたことがありました。

「いかん、いかん。考えるのはやめよう」と頭から追い出し、でも、気がついたらまた好きな人のことを考えてしまっていた時、その間隔をメモしたのです。平均で3分15秒でした。自分でも呆れました。

１日平均17時間起きていたので、なんと１日で３１３回、好きな人のことを思っていました。

そういう時期が、数カ月続きました。もちろん、こんな状態だと、まともに仕事ができるはずもなく、この時期に書いた文章も戯曲も、読み返すと、集中しきれてなくて水準がずいぶん下がっていました。とほほ、です。

でも、恋に本気になるのは、苦しいけれど、素敵なことだと、僕は思っています。

恋の予感がずんずんと近づいて来たら、逃げるよりは、飛び込んだ方がいいだろうと思っているのです。

死ぬまでに一度は「恋愛に振り回される人生」を経験するのは、素敵なんじゃないかと思っています。

それは、そういう人生や時間を経験する人は、案外、少ないと思っているからです。

恋の予感がずんずんと近づいて来た時に、多くの人は、傷つくことが嫌で尻込みしたり、相手の欠点を意識的に見つけて気持ちを醒ましたり、感情的になることに怯えて冷静になろうとします。

「おっ！　恋じゃん！　ようし、飛び込もう！」と積極的に行動する人は少ないと僕は感じています。

そして、そもそも「恋の予感」が、そんなにずんずんと近づいて来ない人もそれなりにいます。

「簡単には人を好きにならない」という「非・恋愛体質」の人もいるでしょうし、どんな人と出会うかという運もあるでしょうし、出会った時のお互いの人生のコンディションという偶然もあるでしょう。

ですから、「恋愛に振り回される人生」をちゃんと経験する人は、じつは想像以上に少なくて、それは貴重なチャンスだと思っているのです。

念のために書いておきますが、「恋愛に振り回される人生」を一度は経験することは素晴らしいという意味は、「恋愛を経験してない人はおかしい」という恋愛至上主義や「人生の中で恋愛を上位に置く」という恋愛帝国主義ではありません。

例えば、「一度はスキューバダイビングをして（体験ダイビングでも可）海中のサンゴや魚達の美しさに夢中になること」を経験するのは素晴らしいとか、「一度は北海道の回転寿司屋さんの水準の高さ」に驚愕することは悪くない、なんて意味です。

人生の一時期、何かに夢中になることは素敵なことです。充実感と共に、喜びや苦しみを経験できれば、その時間はあなたの人生をきっと豊かにするでしょう、なんてことです。

ですから、経験しなかったら「その人生には意味がない」なんてことでもありません。人生において、経験しなかったら「その人生には意味がない」なんて断言できるようなことはないと僕は思っています。結婚とか家庭とか子供とか、経験しないことと「人生に意味があるかどうか」は別問題です。

さて、フリッツさん。フリッツさんは、そういう意味で正しく恋愛に振り回されています。

こういう時は、「振り回されないようにしよう」とか「なるべくあの人のことを考えないようにしよう」「この感情と上手につきあおう」なんて思ってもムダです。

コントロールしようと思えば思うほど、考えないようにしようと思えば思うほど、好きになった人のことが頭の中を占めていきます。

なので、僕のアドバイスは、恥ずかしがることなく、自己嫌悪に陥ることなく、とことん、自分の感情に溺れることです。

フリッツさんは、激しい恋心を持てたのです。その幸運に感謝しながら、その「好き」という感情にとことん振り回されて下さい。ちなみに、僕が3分15秒に一回、思っていた相手も、完璧な片思いでした。会えず、手が届かないからこそ、頭の中を占め続けたのです。

溺れ続けて、どんな結果になるか分かりませんが、僕はフリッツさんがストーカーになったり、仕事を放り出したり、精神を病んだりすることはないんじゃないかと感じています。

だって、僕に相談のメールを出して、なおかつ、「こんなにも馬鹿みたいなことを考える自分がいることに驚くと同時に自己嫌悪してしまいます」と、ちゃんと自分を見つめられているのですから。

人生の中で、ちゃんと「恋愛感情」に溺れる時期を持てたことに感謝して、とことん味わいましょう。

そのうち、嫌でも、自分の感情を冷静に見られる時期が来ると思います。どんな恋愛でも熱病の時期は限られています。熱病をこじらせない方法は、熱をちゃんと出し切ることだと僕は思っているのです。

今は楽しくて苦しい、片思い生活を満喫することをお勧めします！

相談21

夫にずっと無視されています。離婚したほうがいいと思いますが、自活できるほどの稼ぎもありません

52歳・女性　金平糖

50代の主婦です。ずっと夫に無視されています。4年間単身赴任していた時期はほとんど連絡がなく、話し合いを持とうとしましたが相手にされませんでした。自宅に戻った今も毎日食事のためにだけ顔を出し、済ませると自分の部屋に行ってしまいます。会話はまったくありません。私は仕事もフリーで自宅作業のため、年中ほとんど誰とも話さず過ごします。

離婚したほうがいいとは思いますが、そうなったら私は天涯孤独です。一人っ子で親はすでに亡く、子供にも恵まれませんでした。親からの財産は何もなく、休みなく仕事をしていますが自活できるほどの稼ぎもありません。よくしてくれる友人や親せきはいますが、頼ることはできません。

思えば両親も何かと問題のある人で、子供のころからずっと寂しい思いをしてきました。孤独のまま一生過ごすのかと思うと、いっそ死んでしまおうと考えることもあります。人と比べてはいけないと自分に言い聞かせていますが、家庭にも金銭的にも容姿にも恵まれている友人を見ると、虚しく思えて仕方ありません。

気持ちが行動に出るのか、最近は何かとうまくいかないことばかりでさらに落ち込む毎日です。

親に昔、「お前は不幸な星のもとに生まれた」と言われました。本当にそうなのかもしれないと思っています。どうすれば人生が好転しますか?

金平糖さん。よく相談してくれました。

夫とはどれぐらい会話がないですか? もう何年もですよね。ひょっとしたら10年ぐらいですかね。

「同じ屋根の下に住んでいて、何の会話もない」ということは、独りで住んでいるより、何倍も孤独を感じると思います。

人がいるのに、会話がない。人がいるのに視線が合わない。人がいるのに、それもかつては心を通わせ会話した相手なのに、今はなんのつながりもない。それは、強烈に孤独です。

だったら、独りの方が何倍も精神衛生上良いだろうと思います。

そして、本当に独りになったら、そこから関係の糸は広がっていくんじゃないかとも、僕は思っています。だって、今は会話しない夫がいるから、誰かを家に招待して、映画を見たりお酒を飲む、なんてできないでしょう。本当に独り暮らしになったら、気軽に外出できるし、友達だって簡単に呼べるのです。

金平糖さんは、離婚したら「天涯孤独」と心配していますが、出会いは間違いなく増やせると思うのです。

僕のアドバイスは、今の「ぬるい地獄」のような状況はなんらかの方法で早く終わらせた方がいいということです。

まず、「これが最後だと思って、夫に話し合いを提案する」ということをお勧めします。

それは、「夫はこの状態をどう思っているか?」ということです。

離婚も考える金平糖さんに対して、「夫は離婚するつもりがあるのか」ということを確認する必要があると思うのです。夫も、今の状態を決して快適とは思ってないはずです。このまま、だらだらと続けるつもりなのか。

でも、夫は、話し合いを拒否しようとするでしょうから、「これから先のこと。離婚を含めた話し合いをしたい」とはっきりと言うことが大切だと思います。

心が折れそうになると思いますが、たった一度です。思い切って、大きな声で話しかけてみて下さい。もし、そこで、夫の希望が聞けたら、事態は変わるでしょう。

離婚するつもりはないけれど別居したいとか、お互いがこんな風になればもう一度やりなおせるとか、何らかの希望が見えれば、ひとつの前進です。

夫がまったく話し合いに応じてくれなければ、次の段階です。

弁護士さんに入ってもらうのです。

それは、「離婚」に向かって進むということです。

「孤独のまま一生過ごすのかと思うと、いっそ死んでしまおうと考える」ことよりは、どんなに苦しくても「離婚」の方がはるかにましだと思うからです。

金平糖さんは、自分の親の財産の話を出して経済的な問題を心配していますが、「財産分与」についてはどれぐらいご存知ですか？

「財産分与」とは、結婚生活中に夫婦で協力して築き上げてきた財産を、離婚の時に、それぞれの貢献度に応じて分配することです。

これは法律で定められています。

結婚生活中に買った家具や家財はもちろんですが、預貯金や持ち家、車などが夫単独の名義であってもすべて、財産分与の対象です。

専業主婦の場合で、今はだいたい50パーセントの取り分です。

夫が働き続ける間、金平糖さんは家事をずっと続けてきたのです。夫だけが単独で作り上げた財産ではありません。それは、夫婦二人で共同で作り上げてきたものです。妻も、財産を手にすることは正当な権利なのです。

子供がいなくて、夫がずっと働き続け、金平糖さんも少ないながら一定の収入があるわけですから、それなりの財産はありませんか？

財産分与に関する詳しいことも、弁護士さんが教えてくれます。夫がまったく話し合いに応じず、弁護士さん主導で離婚した場合、「財産分与」はどれぐらいの金額になるか、調べることをお勧めします。

もし、予想した金額よりはるかに少なかった場合は——それでも、僕はなんとかやりくりして、「離婚」に向かう道をお勧めします。これも、経済的にどんな公的サポートが可能か、いろいろと弁護士さんが教えてくれるでしょう。

会話をするつもりのない夫と住み続けることは、金平糖さんの残りの人生にとって、あまりにももったいないと思うからです。

それにしても、「お前は不幸な星のもとに生まれた」と、自分の子供に言う親は、間違いなく「毒親」です。

この呪いの言葉は、苦しい時に金平糖さんを縛りませんか？「がんばろう」とか「なにくそっ」とか思っている時に、この呪いの言葉が金平糖さんの身体と心のエネルギーを奪いませんか？

だいたい、「不幸な星のもとに生まれた」なんてことが分かるのなら、親は超能力者か魔術師だということですね。だったら、そんな予言しないでその超自然的な力で娘を幸福にしろよっ！と思いますね。

そんな力がないのなら、「不幸な星のもとに生まれた」という断定は間違ってるってことですからね。

だって、ファンタジー映画で、主人公に対して突然、男が「お前は明日死ぬ」と断定し、「誰だ、お前は!?」と問われると「ただの通行人だ。居酒屋で働いている」と答えたら、ぎゃふんですからね。予言する能力がない人間が、ただ感情に振り回されて言っても意味はないのです。

金平糖さん。まず、この根拠のない呪いの言葉から自由になりましょう。そして、残りの人生に向かって、一歩一歩、歩き出しましょう。

52歳は、まだまだ若いんです!

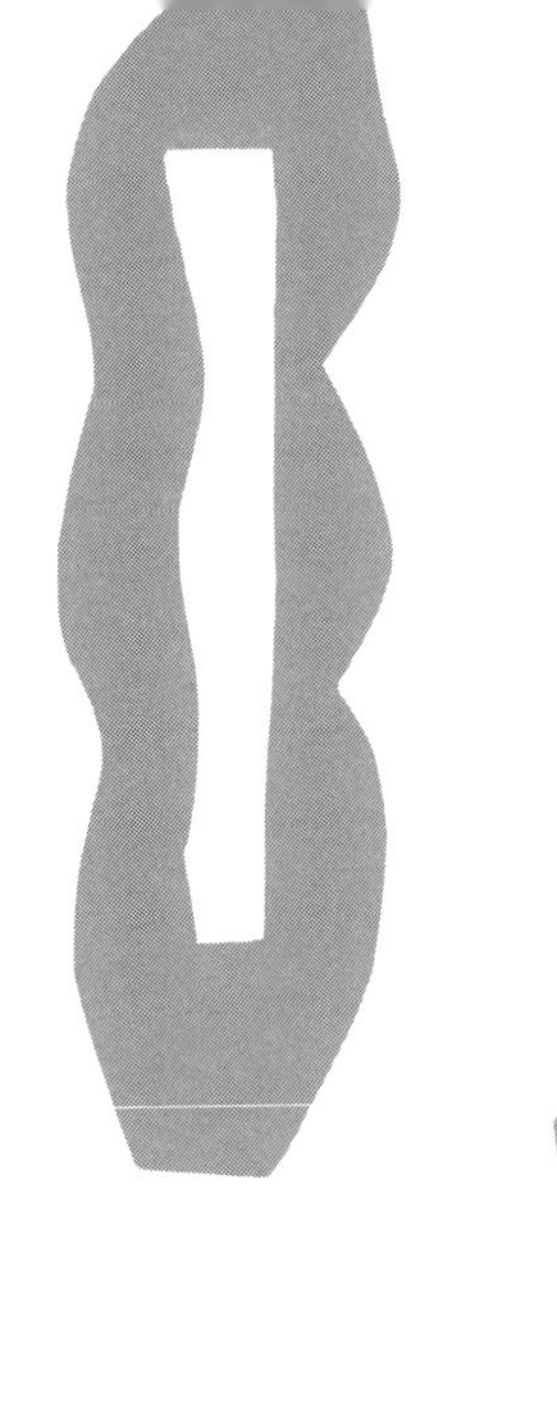

相談22

高校時代、校則を変えようとして戦いに敗れました。日本の校則がこんなに厳しいのはどうしてですか？

20歳・男性　ピック

鴻上さんの校則についてのTwitterをみて、高校時代の古傷を思い出し、投稿しています。元・私立共学の生徒会長、現在は大学生です。

生徒会長の選挙時の公約は「マフラー禁止」「靴下と鞄の指定」「男子の長髪禁止」「女子の髪のリボンの黒、紺、茶指定」の撤廃で、そのときはけっこう盛り上がり、支持されて生徒会長になりました。

- あたりまえですが防寒にマフラーは必要
- 「靴下と鞄」については、学校指定のメーカーは高額。それぞれ生徒が選んだほうが合理的（これは言いませんでしたが、学校がこれで利益を得るという私立のあるある話のようです）

•男子の長髪の禁止、女子の髪のリボンを黒、紺、茶に指定している意味がわからない。好きな髪形、リボンの色を楽しみたいと訴(うった)えて、けっこう支持されて生徒会長になりました。

生徒会長に決まったとき、学年主任には、廊下(ろうか)で通りすがりに「やりすぎるなよ」と釘(くぎ)をさされました。でも、公約なので、行動しないわけにはいきません。

そこで、まずは、先生たちと生徒で校則についてのディスカッションの場を作りました。

先生側の言い分はだいたいが、

•マフラーは、以前に引っ張り合って遊んでいた生徒が気分を悪くしたという問題があった

•靴下も鞄も学校の制服と同じこと

•女子のリボンの色は制限を設(もう)けないと風紀(ふうき)が乱れる。男子の長髪は清潔感がなく、高校生に似合わない

話し合いは並行線で、副会長が「それならばリボンは白だと風紀が乱れるのですか」と言ったら「線引きの問題だ。どっちにしても白なんてちらつくし、教える側の

集中力もそぐ」などと理由にならない理由を返され、あと昔、すごく学校が荒れた時代があり（昭和のことらしいですけど）、近所にもこの学校の評判が悪い時期があり、校則を変えて生徒を指導して、いまのいい雰囲気が保たれ、いい学校（たぶん偏差値があがったという意味）になったのだそうです。

そして学年主任は「そういう校則だと理解して入学したのではないか」とも。

結局そのディスカッションは、僕が「学校は生徒が作り上げるものではないですか。必要なら校則も変更したいです」と返したところで時間切れになりました。

とりあえず、そのディスカッションははじめの一歩でしたが、発言したのは生徒会の人間ばかりで、参加した他の生徒は拍手はするけど自分から手を挙げて発言してくれる人は少なかったです。

そういった生徒側の中途半端な雰囲気があり、その後、いろいろ学校側の妨害工作とか紆余曲折あり、もめにもめ、結局僕らは戦いに敗れました。本当に情けなく苦い思い出で、高校時代のことは全部忘れたいとすら思いました。

でも、思うのです。そもそもなんで日本はこんなに校則が厳しいのでしょうか。当時アメリカにいた高校生のいとこに、僕の学校の話をしたらびっくりされ「リボンの色？　時々そういうの聞くけど本当なんだね、日本の高校、Crazy!」と言われました。いとこの高校の服装は、制服がないどころか服装も髪も自由。まあ、アメリカの高校と比較してもしょうもないですが。

鴻上さんが校則についてTwitterで書いているのをみて、びっくりしました。鴻上さんと同じくらいの昭和のうちの高校の先生と、なんでこんなに考えが違うんだろう。

そもそもが知りたいのですが、日本の高校の校則が厳しいのは、やっぱり昭和に学校が不良ばかりですごい荒れた時代があったからなんですか？

学校の先生たちの、あのかたくなな校則への執着が、今でも謎です。

ピックさん。少し、僕の高校時代の話を聞いて下さい。僕は、昭和の時代、公立高校の生徒会長をしていました。

立候補した時の公約は「校則の自由化」でした。

僕の時代も、ピックさんの高校とあまり変わってなくて、女子の「リボンの色」や男子の「髪は耳にかぶさらない」などの他に「女子のストッキングの色は黒」なんていう「どう考えても無意味としか思えない」校則がたくさんありました。

ピックさんと同じように廃止を訴えて、それなりの支持を得て、当選しました。すぐに、なくすために先生達に働きかけましたが、生徒指導の先生に「お前はこの高校を荒れた高校にしたいのか」ときつく抑えられました。

僕は、「無意味な校則を無くすことこそ、学校を健全にすること。無意味な校則を押しつけられることが、学校と教師に対する不信感を生み、生徒の心を無気力・無関心にしている」と感じていました。

僕は、先生達と話すだけではムダだと考えました。僕は愛媛県出身なのですが、「愛媛県全体の高校生徒会がまとまらないと力を発揮できない」と決意しました。

生徒会が集まり、情報を交換し、知恵を出し、共に戦うことでしか、この状況を打開する方法はないと考えたのです。

ただし、学校側はそんな集まりは絶対に許さないだろうと思いました。すべては、先生に知られないように秘密に進めなければいけないと考えたのです。

その当時、愛媛県には公立高校が52校、私立が11校ありました。僕は、友達を頼ったり、友達の友達を頼ったりしながら、各地の生徒会長と連絡を取り、土日を使って会いに行き、『愛媛県高校生徒会連合』を作らないかと提案しました。

愛媛県は、東西に細長く広がり、東予、中予、南予と三つの地域に分かれています。僕の住む新居浜市は、東予にありました。松山市がある中予と八幡浜市がある南予は、それぞれに電車で数時間かかる距離で、頻繁に会議をするのは、高校生の立場では不可能でした。

僕は、中予と南予の生徒会長を一人選び、それぞれの地域で『愛媛県高校生徒会連合』を進めてくれないかと熱く頼みました。

そして、自分達の東予地区18校の生徒会長と何度も会いました。

14校の生徒会長が賛同してくれて、『愛媛県高校生徒会連合　東予支部』を発足させました。

全員で学校に無届けで合宿し、14校が「各学校で校則がどれぐらい違うか？」を話し合いました。

僕の学校では黒色のストッキングが指定で、ベージュのストッキングは「華美である」という理由で禁止されていました。

隣町の高校では、ベージュが指定で、黒色は禁止でした。その理由を尋ねた生徒会長に、生徒指導の先生は「黒色は娼婦っぽいだろ」と答えたと教えてくれました。ということは、僕の高校の女子生徒は、みんな娼婦っぽいのかと、僕は怒りを通り越して笑いました。

東予地区14校の校則を比べるだけでも、いかに「校則に根拠がないか」がよく分かりました。

僕は、生徒会名義の学校新聞を配布して、他の高校との比較を載せました。データに基づいた反論ですから、校内ではかなりの反響が起こりました。その行動に先生達は怒り、締めつけはさらに厳しくなりました。

そのまま、どうにもならずに、任期は終わりました。公約だった校則がなんにも変わらなかったじゃないかと、僕は何人かに責められました。「お前は嘘つきだ」と。

僕は、『愛媛県高校生徒会連合』を作ったんだ、着々と力を付けているんだ、もう少ししたらなんとかなると思うと言いたかったのですが、発表してしまうと、学校側は間違いなくつぶしにかかると考えて、黙っていました。

そして、高三の冬、何人かで協力して、東予地区14校の校則をまとめ、比較した本を『愛媛県高校生徒会連合東予支部』名義で３００部ほど作りました。記録として『愛媛県高校生徒会連合』の二期目のメンバー達に残そうとしたのです。

僕の高校では、僕が頼んだ後輩が立候補して、生徒会長に当選していました。彼は、『愛媛県高校生徒会連合』を引き継ぎ、発展させると約束してくれていました。

卒業式の日、突然、生徒指導の先生に呼ばれました。そして、「鴻上は、生徒会連合って知ってるのか？」と聞かれました。僕は全然、知りませんと答えました。すると、「××高校の生徒会長が、『生徒会連合』の会合に出ていいかと生徒会顧問の教師に聞いてきたんだ。どうやら、『生徒会連合』なるものがあるみたいじゃないか」とさらに聞かれました。僕は「全然、知りませんねえ」と答えました。生徒指導の先生は、「大人が平気で嘘をつくから、若者も嘘をつくようになったのかねえ」と僕をじっと見ました。

ロッキード事件という世界的な汚職事件が社会問題になり、「いっさい、記憶にございません」という言葉が流行語になった時期でした。

それからはあっと言う間で、各高校で「絶対に『生徒会連合』に関わってはならない」という厳しい指導がされて、一年弱で、『愛媛県高校生徒会連合』は無くなりました。

その時、作った本は結局、どこにも配れないまま、今でも、ある高校の生徒会の書記だった女性の家にあります。

さて、ピックさん。長い話をしてしまいました。

僕はこの時から今まで、ずっと無意味としか思えない厳しい校則に対して怒っています。

日本の校則に根拠はないのです。リボンが「白なんてちらつくし、教える側の集中力もそぐ」なんて言葉は、正気の大人が言う言葉ではありません。

もし、民間の会社で「女子社員のリボンの白は、ちらつくし、集中力をそぐ」と発言した上司がいたら、「疲れているんだね。休んだ方がいいよ」と心配されるでしょう。

アメリカにも、もちろん校則というかルールはあります。でも、それは「銃、ナイフは学校に持ち込んではいけない」とか「下着姿で学校に来てはいけない」というものです。銃やナイフを持ち込むとケガ人や死人が出る可能性があるし、下着姿で教室にいると、あきらかに男子生徒は困ります。ちゃんと根拠があるのです。

でも、リボンの色が白になっても誰も困りません。なのに、先生達は「かたくなな校則への執着」を見せるのです。ピックさんが疑問に思うのも、もっともです。

「やっぱり昭和に学校が不良ばかりですごい荒れた時代があったからなんですか？」とピックさんは聞きますが、違います。

「生徒指導困難校」とか「教育困難校」と呼ばれたりしますが、こういった高校は昭和の時代も令和の時代もあり、全体から見ると少数派、一部です。

けれど、無意味に厳密な（場合によっては、「ブラック校則」と呼ばれる）校則は、日本の高校、ほとんどすべての高校にあります。厳しい校則が荒れた結果なら、日本のほとんどすべての高校に荒れた過去があることになります。そんなバカな、です。

一般的に偏差値の高い高校ほど、校則が自由になる傾向があります（もちろん、例外もありますが）。

そして、荒れている高校は厳しく指導されます。僕が問題にするのは、特別荒れてもいない、平均レベルの高校でも、無意味な校則が多いということなのです。

そして、無意味な校則は、「高校生らしい」「中学生らしい」という、じつに何の根拠もない言葉で「思考停止」を強制します。

少し前、ツーブロックという髪形が「高校生らしくない」という理由で禁止だと報道されていました。すぐに、「ホテル業界では、ツーブロックは清潔感ある髪形とされています」とか『サザエさん』に出てくる中島君はツーブロックだぞ」とか（笑）、いろんな反応が出ていました。

僕が危惧するのは、比較的真面目で優秀な生徒こそが「高校生らしくない」という根拠のない言葉で、「思考することをやめる」習慣に染まることなのです。

真面目な生徒は、根拠のないことを几帳面に受け入れるのです。そして、思考しても答えがないと予感するから、思考することをやめるのです。

もし、中年の先生が「ツーブロックは私の高校時代にはなかった。私の高校時代になかったものは、すべて、許せない」と言うのなら、その正しさは別として議論ができます。

「先生の高校時代になかったものは、なぜダメなのか？」と、思考を続けることができるのです。

「なぜ？」という疑問を追及することが「思考すること」の原点です。たくさんの「なぜ？」を考え、それをひとつひとつ、自分で解決していくことが教育だとも言えます。

でも、「ツーブロックは高校生らしくない」という断定は、議論をするきっかけがありません。なんの論理もないので、思考を停止するしかないのです。

今の子供達は、中学生の時から、「なぜ？」という疑問を追及することではなく、「そういうものだ」という思考停止を受け入れることが日常になっていると僕は思っています。

そして、（説明が長くなってしまうのでいきなり論理が飛んだと感じるでしょうが）ソニーとか任天堂とか、かつて、グローバル企業を生んだ日本ビジネス界が、現在、まったく創造的な世界的カンパニーを生み出せていないのは、優秀な生徒ほど、子供の頃から「思考停止」を受け入れてきたからだと僕は思っているのです。

さて、ピックさんの疑問です。なぜ、学校の先生達は、「かたくなな校則への執着」を続けるのでしょうか？

僕の考えは、学校というのは、日本に数少なく残っている強力な「世間」だから、ということです。

この連載で、何度か日本特有の「世間」について説明しました。

自分と関係のある人達で作っている集団が「世間」です。無関係な人達を「社会」と呼びます（詳しくは、1冊目の『ほがらか人生相談』の相談2「個性的な服を着た帰国子女の娘がいじめられそうです。普通の洋服を買うべきですか？」、相談4「鬱になった妹が田舎に帰ってきましたが、世間体を気にする家族が、病院に通わせようとしません」を読んで下さい）。

「世間」の特徴は、「所与性」と言われるものです。これは、「今のままでいい。大した問題が起きてないのだから、わざわざ変える必要はない。昔からある、与えられたシステムを続けよう」という考え方です。

長い時間、日本の「世間」は変わらないまま、あり続けることができました。変えることより、今までのやり方を続けた方がうまくいく、と思われてきました。事実、昭和の真ん中ぐらいまでは、それでなんとかやってきました。

わざわざ、別なやり方をやることは、失敗の可能性の方が大きいと思われたのです。けれど、今までのやり方では、はっきりと通用しない時代がやってきました。価値観が多様化し、グローバル化が変化を加速しました。

気付いた企業は、試行錯誤を続けながら、生まれ変わろうとしました。けれど、「今までのやり方でいいじゃないか」と思ってしまった企業は、どんどんと傾き始めました。まさかと思われるような大企業が倒産したり、合併したりしています。

学校は完全に取り残されました。世の中がどう変わろうと、「今までのやり方でいいじゃないか」と思っています。そんなことはない、日々、努力していると反論する人もいるでしょうが、今までの枠組みの中での努力です。枠組みの根本的な問い返しをしている人は本当に少数派です。

と書くと、「お前は学校の何を知っているんだ?」と突っ込まれます。

ですから、学校の当事者が書いた一冊の本を紹介します。

『学校の「当たり前」をやめた。生徒も教師も変わる! 公立名門中学校長の改革』(千代田区立麹町中学校長　工藤勇一著　時事通信社)です。

工藤さんは、さまざまな学校の当り前をやめました。

「服装頭髪指導を行わない」はもちろんのこと「宿題を出さない」「中間・期末テストの全廃」「固定担任制の廃止」などです。

驚くと思いますが、全部にちゃんと理由があります。そして、麹町中学校の生徒達の成績は下がるどころか、上がっています。

工藤さんは学校では「手段が目的化」してしまっていることが一番の問題だと指摘します。

なんのために「服装指導しているのか？」という「目的」がよく考えられないまま、服装指導という「手段」が目的化している。学習指導要領や教科書という「手段」でしかないものが、絶対的基準の「目的」となって、消化してこなす対象になってしまっている。

そもそも学校の「目的」とはなんなのか？と、工藤さんは問いかけます。

それは「社会の中でよりよく生きていけるようにする」ことではないのか。そのために考えられたいろいろな「手段」なのに、それを厳密に実行することが「目的」になっていないか。

1ページ1ページ、本当に発見と感動がある文章で、僕は思わず涙ぐんでしまいました。僕が中学の時、この文章に出会っていたら、どれほどムダな怒りと痛みを避けられたことか。

多くの人にぜひ、読んで欲しいのですが、工藤さんの書く「手段が目的化」している状態というのは、じつは、「所与性」の大きな特徴です。

「今までのやり方でいいじゃないか」と思って倒産した大企業は、利益を追求するという「目的」ではなく、今までのやり方という「手段」を一番の「目的」としたのです。「目的」ではなく「手段」を一番に考えるのは、「とにかく今までのやり方を続けよう」と思う「所与性」です。

「クラスのまとまりを大切にしよう」とか「絆（きずな）」「団結」なんて「目標」が、学校では盛んに語られます。

けれど、これらは、「何かをするため」の「手段」です。「何かをする」ためにまとまり、団結するのです。ですが、何をするかという「目的」は語られず、ただ、まとまろうという「手段」が声高（こわだか）に語られ、「目的」にされるのです。

工藤さんは書きます。

「『みんな仲良くしなさい』という言葉があります。この言葉によって、コミュニケーションが苦手な特性を持った子どもたちは苦しい思いをしているのではないでしょうか。よかれと思って、多くの教師が使っている言葉で、結果として、子どもが排除されることになってはいけません。『人は仲良くすることが難しい』ということを伝えていくことの方が大切だと私は考えています」

これが、教育評論家ではなく、民間人校長でもなく、教育界プロパーで育った、現場の中学の校長先生の言葉であることに僕は心底、感動します。

工藤さんは「手段の目的化」以外に、もうひとつ、「より上位の目的」を忘れてしまうことが問題だと書きます。

買い食いをした生徒を厳しく叱っている先生に対して、「どうでもよいことと、どうでもよくないことを、分けて叱りませんか」と提案します。

より上位の目的、最上位目標は何か?と常に問いかけることは、「所与性」の対極に位置します。

ワークショップをしていると、参加者がいつのまにか床に「体育座り」をしている風景をよく見ます。足を折り曲げて、手を足の前側で抱えるように組んで座る「体育座り」は、小学校低学年から指導されます。大人になっても無意識にやっている姿を見ると、本当に日本人の身体に染み込んでいるんだなと感じます。

でも、この座り方は、曲げた太股が下腹部を圧迫し横隔膜を下がりにくくするので、呼吸が浅くなり、身体に良い影響は与えないのです。特に、運動する前、深く呼吸して気持ちを落ち着け、身体に酸素を行き渡らせるという大切な目的に対して正反対の座り方で、運動する時には最も不適切な座り方なのです。

けれど、ずっと「体育座り」の指導は続いています。

どうしてでしょうか？　それは、「体育座り」の目的が「子供達を秩序よく座らせる」ということだからです。足を閉じて手を前で組むことで、手遊びを防止し、ヨロヨロウロウロする余計な動きを防ぐことが目的です。

体育という教科の一番大切なことは、「秩序を作ること」でしょうか？　僕は、体育の最上位の目的は「子供達を健康にすること」だと思います。

「所与性」は「何が一番大切か？」と問いかけません。今あるシステムを続けることが目的ですから、「何がより上位の目的か？」と問いかける必要がないのです。

もちろん、常に「より上位の目的は何か？」と問い続けることは、タフな精神とエネルギーを必要とします。でも、それが結局、よりよい結果を生むのです。

工藤さんは書きます。

「校長が覚悟を持って、自らの学校が置かれた立場で何が必要かを真剣に考え抜くことができれば」学校は変われると。「覚悟」という言葉が素敵です。

ピックさん。

長い文章になりました。「校則」の問題は、言いたいことがたくさんあるのでヒートアップしてしまうのです。でも、同時に、こんなに長く長く書いたのは、あなたの戦いは無駄ではなかったと言いたいからです。

　僕は、ずっと高校時代の自分の戦いが自分を支えていると感じています。『愛媛県高校生徒会連合』は、政治党派や宗教団体、あらゆる組織と一切関係なく、純粋に「無意味な校則に怒った生徒達」が集まりました。一年弱で潰されましたが、その時の怒りは本物で貴重だと思っています。

　大きな目で見れば、世界は、じつは「個人の自由・権利」がより守られ、拡大する方向に動いています。

　そんなバカな？と思うかもしれませんが、ＬＧＢＴＱ＋への理解や、反ヘイトの潮流、同性婚の拡大など、世界的規模で見れば、「個人を尊重する」方向に時代は動いています。

　私達は、希望の時代を生きているのです。

　もちろん、世界的視点ですから、地域によっては、逆行している人達もいます。生まれつき茶色の髪を染めろと女子生徒に命令した大阪の高校は、生徒の代理人弁護士に「たとえ金髪の外国人留学生でも規則で黒く染めさせる」と豪語しました。本当に実行して、世界的な問題になればいいなと僕は本気で思いました。

ピックさん。「本当に情けなく苦い思い出で、高校時代のことは全部忘れたいとすら思いました」なんて思わないで下さい。

あなたの体験は、きっと将来、役に立ちます。「所与性」に安住（あんじゅう）した大人達と戦ったこと。「手段」を「目的」にしないこと。「より上位の目的」は何か？と常に考えること。そんなヒントをくれたのです。

とても素敵なことだと思います。

高校時代の戦いを胸に、どうか素敵な人生を歩まれることを祈ります。

相談23

校則を破りジャージで帰宅したら、みんながそうするようになりました

17歳・男性　コレんぱす

僕は高校生で部活動の部長を任されています。

僕の通っている高校では、部活動が終わってから帰宅する際にジャージから制服に着替えて帰らなければいけないという校則があります。でも僕はこの校則について違和感というか、何故汗でベトベトの体の状態で着替えなくてはいけないのか、犯罪でもないし、誰が迷惑するわけでもないのにこのようなルールを守らなくてはいけないのかと思っています。

そこで以前、部活動の顧問の先生にそのことを相談してみたら、規則だから、と説明になっていない返事をされました。

勿論ルールを破ることは決して良いことではないのはもっともなのですが、理不尽

な規則や校則があるのは確かです。その上で僕は、自分が正しいと思うことを貫く、という選択をしました。

そこで、部活動と最後のミーティングを終えて、帰る支度をする時に、周りは着替えている中で、僕は1人ジャージを着たままで荷物をまとめました。

それに違和感を覚えた部員から〝部長なのにルールを破っていいのか〟〝部のイメージが悪くなるからやめてほしい〟と言われました。それに対し僕はこの校則は理不尽であると伝えました。するとその部員は〝注意されても知らないよ〟と伝えてその話題は一旦静まりました。

その後も僕はジャージを着たままで下校しました。

すると徐々にジャージを着たままで下校する部員が増えてきました。部長だということもあり、後輩も同級生も〝部長がやってるし〟ということを内心思ってるのかもしれません。

その時にたまたま鴻上さんの『「空気」を読んでも従わない』に出会いました。

これは、この本で鴻上さんが書いていた、「世間」で生きており、僕は空気を作る司会者の役割をしているのと同じだと考えました。そして、部員がジャージで帰るようになったのは、「同じ時間を生きる」者として、司会者が作った空気が流れて真似(まね)する人が増えたのだと思います。今では全体の半分近くがジャージで帰宅し、ほかの部の部員がジャージで帰るのも見かけます。(先述の僕に注意した部員は制服で今も帰宅していますｌ)

さらに、普段真面目(まじめ)な女子の部員や、真面目でおとなしくて自分の意見をあまり声に出さない部員までジャージで帰るようになりました。それを見て、真面目な人でも内心は着替えるのが面倒臭かったり、僕と同じ事を思ってるのだなと思ったら、やはり「同調圧力」を受けているんだなと実感しました(もしかしたら僕が同調圧力をかけてしまっている?)。

実はこれは丁度(ちょうど)今日(2019年9月9日現在)の出来事です。

これからジャージ帰宅問題についてどのように対処していけばいいのでしょうか。僕は部長として、ただ年上なだけや、部長だから慕(した)われるだけでない先輩になるために何をすべきで、すべきではないのでしょうか。

コレんぱす君。その後、どうですか？

僕はあなたの行動を全面的に支持します。

「規則だから」という顧問の先生の言葉は、コレんぱす君が呆れるようにまったく何の根拠も説得力もありません。

コレんぱす君は、率先して、理不尽なルールに抵抗する素敵な部長だと思います。

「もしかしたら僕が同調圧力をかけてしまっている？」と心配していますが、大丈夫。学校という強い同調圧力の前では、一人の部長の同調圧力なんて問題になりません。正確に言えば、学校という同調圧力に対して、コレんぱす君は、「水を差して」、学校という「世間」に対して、それを揺さぶる「空気」を一瞬、作り上げたのです。

それは、とても素敵なことだと思います。

昔、日本の多くの中学校では、「坊主頭」が指定の髪形でした。でも、時代が移り、さすがに「坊主頭」に限定するのはおかしくないかと言われるようになりました。正式に校則を変えた学校もありましたが、生徒達がいつのまにか髪を伸ばし始め、なし崩し的に長髪が定着した中学校もそれなりにあったのです（それまでは、坊主頭が「中学生らしい」と言われていたのです。信じられませんね）。

でも、コレんぱす君、僕は心配しています。

9月9日からずいぶん時間がたっていますから、どんどんジャージ姿で帰る生徒が増えた結果、なし崩し的に定着するのではなく、学校側が、「ジャージ姿で帰ってはいけない」と強い命令を出しているかもしれません。

昔はおおらかな時代でしたから、なし崩し的に変化しても誰も文句は言いませんでしたが、現代は息苦しいまでに几帳面な時代なので、その可能性を感じるのです。

もちろん、先生達の根拠はないですよ。「地域の人達に恥ずかしい」とか、「××高校の生徒として相応しくない」なんて、理屈になってない理由を言うでしょう。

でも、どんなに腹が立っても無理はしないこと。コレんぱす君が戦っている相手は、この国の「世間」の「所与性」というものですから、強敵です。一人で戦って消耗しては損です。

そんな指導に根拠はないという確信を胸に、表面的には時々指導に従い、賢く振る舞うことをお勧めします。

部長として、理不尽な校則に反対して、一人、ジャージで帰る決断をしたことだけでも素敵なのに、「ただ年上なだけや、部長だから慕われるだけでない先輩になるために何をすべきで、すべきではないのでしょうか」と問いかけているのですから、コレんぱす君はとても立派です。

その気持ちをずっと持っていれば大丈夫。部長とか年上にあぐらをかいてないコレんぱす君は、とても素敵な部長になれると思います。

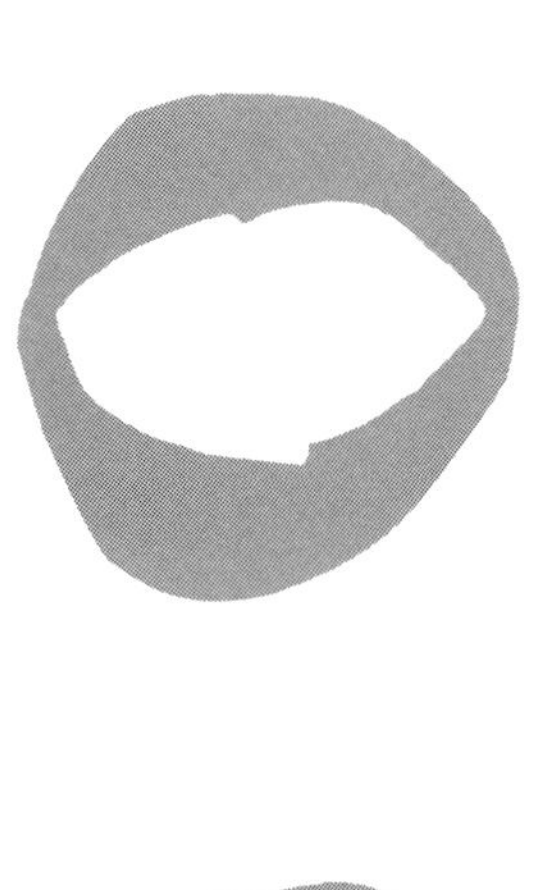

相談24

結婚して15年の主婦ですが、好きな男性ができました。穏やかな思い出にする方法を教えてください

39歳・女性　さとこ

鴻上さん、こんにちは。40手前の主婦です。結婚して15年、好きな男性ができました。実は好きなのかよくわかりません。ただただ二人で会いたいです。この歳になって、他人の気持ちを真剣に推し量るという作業を生まれて初めてしている気がします。人の気持ちは理解できない、ましてや異性の気持ちなど、と絶望感のようなものを感じています。私が自分の気持ちをきちんと理解できないくらいなのですから仕方ないです。好きと言ってくれます。でもそれを信じたいのに信じられません。

苦しいため、その方とのことを穏やかな思い出にしたいので方法を教えてください。体の関係はあります。私には子供もいます。また私から会いたいと連絡してしまいそうです。……本当は、好きと言ってもらってそれを信じられて、関係を続けたいです。

優しくしてもらってるのに、色々な要因が絡まり合って辛いので、私はどうしたら穏やかな気持ちになれますか、が本当に聞きたいことです。

…………

さとこさん。恋をしましたか。「この歳になって、他人の気持ちを真剣に推し量るという作業を生まれて初めてしている気がします」ということは、初めて本気の恋愛をしている、ということでしょうか。

本当の恋愛をすると、相手の気持ちが知りたくて知りたくてたまらなくなりますからね。

本気の恋愛をしないまま、結婚することは珍しいことではないです。

僕が繰り返し書くように、同調圧力の強い日本では、愛ではなく、「世間の目」とか「親の要求」「見栄」が一番の理由で結婚する人達はいます。そこから、真っ当な恋愛が生まれればいいのですが、「ぼんやりとした感情」のままで生活を続ける夫婦はそれなりにいるのです。

ですから、さとこさん。まずは、激しい恋に落ちたことを純粋に喜びましょう。僕が「相談20」で書いたように、誰もが、身を震わせる激烈な恋愛を体験できるわけではないのですから。

けれど、さとこさん。夫も子供もいて、激烈な恋愛に落ちた場合は、ただ喜んでいるだけではすみません。考えなければいけません。「私はどうしたら穏やかな気持ちになれますか、が本当に聞きたいことです」と書きますが、簡単にそんな気持ちになる方法はありません。

今は、恋のせいで身体も心ものぼせているでしょうが（相談の文章の混乱から、本当に恋に溺れていると分かります）、これからの人生のためには、踏ん張って考えなければいけません。冷たいシャワーでも浴びて、さあ考えますよ。

さとこさんの前には三つの道があると思います。

ひとつは、夫も子供も捨てて、彼の元に走る、という道です（子供と一緒に、というケースもあるかもしれません）。ただし、さとこさんは相手のことを何も書いてないので（書く余裕がなかったのでしょうか）独身か、既婚者か、年齢によって、この道のコンディションはかなり変わります。

また、彼はどういう意味で「好き」と言っているのか、考えたことはありますか？　体だけが目当てで言っているのか、本気の恋愛感情で言っているのか、さとこさんと結婚したいと思って言っているのか。

二つ目の道は、今すぐ、彼の電話番号、メールアドレス、LINE、SNSなど、彼とつながるすべてのデータを処分して、一切、会わないと決意する方法です（職場が一緒なら退職します）。

そして、心を石にして、ただ時間が過ぎるのを待つのです。その間は、新たな習い事や趣味を始めるとか、仕事を頑張るとかして、気を紛らわします。やがて、何年か後には穏やかな日がくるでしょう。

三つ目は、彼と定期的に関係を続けながら、夫と子供との生活も維持する方法です。好きな人がいる、ということを夫に気付かれないように、嘘をつき、演技しながら、彼との恋愛を生きるのです。

家庭と彼の両立は苦しいでしょうが、うまくできれば、彼との関係は続きます。ただし、これはかなり「大人の恋愛力」が要求されます。彼と会う日、思わずほころぶ顔を隠して、夫と冷静に会話ができますか？

さとこさん。夫との関係はどうですか？　冷えきっていますか？　一応の会話はありますか？　とりあえず良好ですか？

夫は、さとこさんの彼への気持ちに気付いているようですか？　恋に舞い上がって、夫を観察する余裕がありませんか？

でも、観察しなければいけません。夫も彼も、そして、自分の気持ちも、です。

さとこさんは主婦と書かれていますが、パートなどで働いていますか？　子供はいくつですか？　もし、夫に今の気持ちがバレて、離婚を突きつけられたら、生活はどうなるか考えましたか？

世間では、こういう状態を一般に「不倫」と言いますが、大きなお世話です。マスコミは商売として「不倫」を糾弾しますが、本気の恋愛を経験した人は、簡単に、他人の「不倫」を攻撃できなくなります。

それは、本気の恋愛は、ものすごく暴力的で唐突で理不尽で甘美だということを知っているからです。恋に落ちない方法は、ただひとつ、逃げることだけですが、恋の方が強力なら、逃げ切れないこともあるのです。そして、本気の恋は、相手と自分の立場を選ばないのです。独身だろうが既婚者だろうが、恋にいきなり鷲掴みにされて、振り回され、叩きつけられることがあるのです。

だからこそ、さとこさん。恋の喜びと苦しみに震えながら、考えなければいけません。苦しいですが、考えるのです。

一番、避けなければいけないのは、ただ恋に身を任せて、苦しみ、結局連絡し、夫にバレ、放り出され、子供との生活を失ってしまうことです。

それは、恋の甘美な側面に深酔いしてしまった結果です。夫と子供がいて恋をすることの厳しさを、ちゃんと見つめないといけません。そして、自分の「恋愛力」を見極めるのです。

夫と彼と二人の関係を続けられる力量が自分にはあるのか？『マディソン郡の橋』は、そんな綱渡りをなし遂げた女性の話だったでしょう？

二番目の道を選んで実行できれば、穏やかかどうか分かりませんが、「思い出」にはなるでしょう。一番目の道は、もちろん、最も険しい道です。

三番目の道は、個人の力量と時間が大いに関係すると思います。家庭と彼と、平気な顔で両立できる人もいれば、絶対に無理な人もいます。

また、恋愛の熱病期間は、どんなに長くても約3年というのが最近の脳科学研究ですから、その時期を乗り越えれば、比較的穏やかに両立ができるかもしれません。

でも、その3年を待ちきれない人ももちろんいます。

さとこさん。なんとか踏ん張って、冷静になって、夫と彼と自分を見つめて下さい。そして、どうするのが一番、自分自身、納得できるか考えて下さい。

どんな方法を取っても、苦しいものです。激しい喜びをくれるものは、同時に激しい苦しさもくれるのです。執着（しゅうちゃく）しなければ、苦しみはありません。でも、同時に喜びもないのです。

恋という激しい喜びを経験しているのです。激しい苦しみもまた、経験するしかないのです。

さとこさん、苦しみながら、どうか考えて下さい。

相談25

「言い返さない」ことを選んだら、「なんでも言いやすい人」となってサンドバッグ状態です

25歳・女性　ぽつん

わたしは基本的に言い返すということをあまりしません。言い返すことと、そこで流して終わらせる苦労を天秤（てんびん）にかけたとき、流す楽（らく）さが勝つのです。というのも、そもそも反論したり諭（さと）したりする事で相手に何かしらの変化が見込める人ならいいのですが、「この人はどうせ何言っても変わらないだろうな」と思う人は相手にするだけ無駄（むだ）だと感じるからです。結果の出ない議論は怒りで自分を消耗（しょうもう）するだけに終わることを何度も経験し、24歳くらいでやっと理解しました。

しかし「言い返さない」が定着してくると相手から「言い返してこないからなんでも言いやすい人」になってしまいサンドバッグ状態です。流石（さすが）に何も感じないわけでもないのですが、不快感が外に漏（も）れないようにするのが今のわたしにはやっとなので

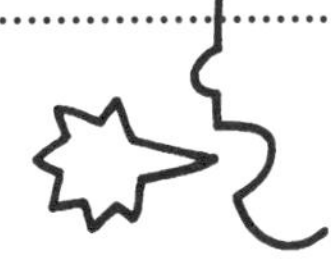

言い返す瞬発力がありません。あとに少しの後悔が残るだけです。理想はそもそも怒りが湧かないレベルに達したく、身近にいるそういう人に教えを請うてみたのですが、「全て一回受け止め、すぐに手放す。深く考えない、バカにされたとか見下されたとかどうでもいい」でした。

ここまでくれば生きるのが楽そうだなあと思う反面、なんだか冷たさを感じてしまって結局どうするのがいいんだろうと頭を抱えています。そもそも土俵が違う人と喧嘩をするのが面倒なのですが、現状をなんとかしたい気持ちもあります。

未熟者へ対処法をご教授ください。

いえいえ、ぽつんさん。「未熟者への対処」と書かれていますが、これは、大人になってもなかなか解決しない永遠の課題です。

ぽつんさんが未熟なのではなく、これがうまくいけば、「人間関係のトラブル」の大半は解決するでしょう。

ぽつんさんの言うように、「言い返すことと、そこで流して終わらせる苦労を天秤にかけたとき、流す楽さが勝」ちます。

僕もそう思います。「はいはい」と聞き流せば、とりあえず、やり過ごせますからね。

でも問題は、これもまた、ぽつんさんが自分で分かっているように、「『言い返してこないからなんでも言いやすい人』になってしまいサンドバッグ状態」になることです。

その時、ぽつんさんが目指そうとしているのは、「そもそも怒りが湧かないレベルに達した」ということですね。でも、これは、悟りの境地というか仙人というか、究極の諦めの状態ですよね。この状態になるのは、生きている人間としては不可能なんじゃないかと思います。古くから、仏教やキリスト教の偉い人達でさえ、成功例は少ないと思います。

僕も、もちろん、内心、不満があったり、納得してないのに反論しないで聞き流すことがあります。それは「この人とは二度と仕事をしない」という時です。その一回だけで、将来はなく、未来の予定を共有してない時は、あえて反論しません。

ただ一度、雑誌やネットのインタビューに来られて、その態度と言葉がものすごく失礼な人でも「この一回だけだから」と思って、聞き流します。

以前、インタビュー中に僕の名前をずっと「こうかみ」ではなく、「かわかみ」さんと言い続けた人がいました。訂正して波風立てるのもなんだなと思って、そのまま、インタビューを終えました。

でも、一回だけのインタビューだとしても、「あんたは嘘つきだ」と一方的に言われたら、言い返すと思います。

それは、その場では聞き流すのが楽でも、ぽつんさんが言うように、後々、問題が起こるからです。

その言葉が独り歩きして、その場でスルーする楽さの何十倍のしんどさがやって来ることが予想できるからです。

その時は、ぽつんさんが言う「この人はどうせ何言っても変わらないだろうな」ということは、あまり関係ありません。

後々、自分が何も反論しない「サンドバッグ」だと思われないために、そうするのです。

僕は40年ほど演劇の演出家をしていますが、「意見を言って相手が変わるか変わらないか」は見抜けません。

演劇の現場では、毎日、大勢の人と議論します。意見を言い合い、反論したりされたりして、また話し合い、時には説得し、時には相手の意見を受け入れ、物事を進めていきます。

ベテラン俳優さんから「こういう演技をしたいんだけど」と言われる時があります。僕は納得すれば、「それでお願いします」と言い、納得しなければ「それは、こういう点で違うと思うので、やめて下さい」と伝えます。

すると、「ああ。ちゃんと判断してくれて嬉しい」と多くのベテラン俳優さんは言います。どういうことですか？と聞くと、「ほとんどの若いディレクターや監督、演出家は、僕がやりたいと言うとすぐに『いいですねえ』と言うだけなんです」と少し淋しそうな表情になります。

僕は初めてこう言われた時はびっくりしました。もうずいぶん前、僕も若い演出家でしたが、言う方としては、「怒らせたらどうしよう」とか「気まずくなったら嫌だな」とドキドキしているのに、ベテラン俳優さんはこんなことを考えているんだと驚いたのです。

このベテラン俳優さんは、顔が怖く（失礼！）、間違いなく「何言っても変わらない人」に分類されていました。でも、実際に言ってみたら、こんな反応が返ってきたのです。

もちろん、言うとムッとして、スネたり、怒ったりする俳優さんもいます。でも、外見ではなかなか分かりませんし、気分屋で、昨日は納得して、今日はムッとする人もいました。

ですから、「この人はどうせ何言っても変わらない」かどうかは、実際に言ってみないと分からないと僕は思っています。

そして、言ってみた時に、「ほら、やっぱり変わらなかったじゃないか」となっても、それは、無意味な行動じゃないと僕は思っています。

「何言っても変わらない人」との「結果の出ない議論は怒りで自分を消耗するだけ」と、ぽつんさんは書きますが、「何言っても変わらない」理由は、「バカだから」「頑固だから」だけではなく、「信念があるから」「ビジネスのビジョンが違うから」「大切なことの順番が違うから」という場合も普通にあります。

そういう時は、ぽつんさんが納得する結論が出る方がおかしいのです。

もちろん、双方が大人で、「自分の信念に対して客観的にジャッジできる」とか

「自分のビジネスモデルの長所と短所が明確に分かっている」とかの場合は、お互いに等しく妥協した一致点を見いだせますが、これは、「対話の高等技術」で、自分だけが大人でも、相手が自分の考えに固着する人なら無理なのです。

ですから、相手の言葉をスルーせず言い返すのは、「議論の結論を出す」ためではなく、自分が何を考えているかをアピールするためだけなのです。

なんのために？　後々、「サンドバッグ」にならないためです。

僕は僕の指示を無視して、自分のやりたい演技をする俳優さんにも、一応、「何をして欲しいか」を伝えます。絶対に意見を変えないと分かっている場合も、諦めながら、一応、希望を口に出して音声化します。

それは、相手および周りの俳優やスタッフに「鴻上はこういうビジョンを持っているんだ。でも、それは通じないんだ」ということを示すためです。このことはとても大切なことだと思っています。

黙って相手の演技を認めてしまうと、「鴻上は、相手の言うがままなんだ。自分の意志はないんだ。サンドバッグなんだ」と思われてしまいます。「言ったけど、相手は受け入れなかったんだ」と思われることと、全然違うのです。

もちろん「言ったのに、相手を説得できなかった。鴻上はダメな奴だ」と思う人がいるかもしれません。

けれど、「信念から」「独自のビジョンから」「自分なりの計画で」意見を変えない人を、簡単に説得できるはずがないのです。

あえて口にするのは大変だと思うかもしれませんが、相手が意見を変えることはないと諦めていますから、腹はそんなに立ちません。

受け入れなくてもいい、とにかく言うだけという場合は、意見や要望ではなく、ただの感想になりますから、口に出す抵抗も減ります。

でも、ちゃんと言うことは大切なのです。それは、周りに「あの人はサンドバッグではない」「あの人にも意志はあるんだ」と思わせる大切な行動なのです。

どうですか？　ぽつんさん。

まずは、「不快感が外に漏れないようにする」のではなく、ちゃんと「不快感を外に出す」ことから始めてみるのがいいと思います。そして、「言い返す瞬発力」ではなく、つまり、意見ではなく「感想」を言うようにするのはどうでしょうか。

クレーム対応のテクニックで、相手が高圧的で「バカ野郎！」とか「ふざけるな！」

「お前じゃ話にならない！」なんて言われた時は、「すみません。お客様の口調があまりに怖くて、頭が真っ白になりました」と正直に言う、という方法があります。

反論するのでも、意見を言うのでもなく、感想を語るテクニックです。「怖い」と具体的に言うので、クレーマーがひるみ、攻撃の口調が穏やかになる傾向が生まれることが多いテクニックです。

ぽつんさん。

相手に分かってもらえなくてもいいのです。ただ、私にも意志はあるんだ、思っていることはあるんだと表明するのです。

何十回かに一回は、「言ってもムダだ」と思っていた人から意外な反応が返ってくるかもしれません。もちろん、返ってこないことも多いでしょう。でも、

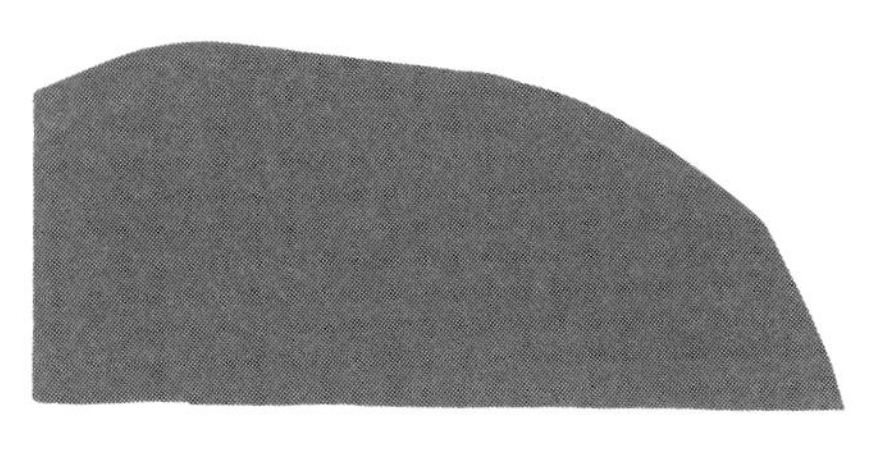

それでいいんです。

じつは、感想を繰り返し語っていくことで、ぽつんさんの交渉スキルは間違いなく上達します。

やがて、感想から意見に変えても、お互いの着地点を見つけ出せるかもしれません。

ただ黙って「サンドバッグ」になるのは、そういう可能性も捨てるということです。なんてもったいない。

私にも意志がある。通じるか通じないかに関係なく意志がある。そう、感想を語りましょう。

それが結果的に、一番、楽なことになると僕は思っているのです。

相談26

夫は世の中全てに対して文句ばかり。最近は限界を感じています

51歳・女性　ざわん

56歳の主人の事で、ご意見を伺いたく投稿しました。主人はいわゆる理想主義で、世の中全てに対して文句ばかり言っています。友達も1人しか居なく、休みの日の話し相手は私のみで、一日中文句を言って相槌を求めてきます。小6の一人息子が居るので、今までは生活を第一に考え、機嫌を損なわないように対応してきましたが、最近は限界を感じております。この手の男性について、どのようにするのが適切なのか、アドバイスをお願いします。

主人の仕事はフリーランスで、休みの日は家にばかりいるタイプです。更年期の自覚はあるようですが、病院や薬を勧めても素直に聞くとは思えません。そして、働きたくないと本気で考えている人です。子供の手が離れてきたのに、主人に対して疲れ

て、悩んでいます。よろしくお願いします。
……

ざわんさん。大変ですね。夫は「世の中全てに対して文句ばかり」言っていますか。こういうタイプは、男性に多いんでしょうかねえ。

じつは、僕の知り合いにも、何人かいます。会うと、ずっと「世の中に文句」を言い続ける人です。こういう口癖（くちぐせ）（？）は、ざわんさんが書く「更年期」とは関係ないように思います。「働きたくないと本気で考えている」ことも、あまり関係がないでしょう。

で、こういうタイプの人をよく観察すると、二つのタイプに分かれることに気づきました。

一つ目のタイプは、「コミュニケイションの方法が他に思いつかない人」です。

ざわんさんは想像しにくいかもしれませんが、男達の中には、「なにげない会話」「どーでもいいやりとり」「中身のない楽しい会話」が苦手な人がいるのです（！）

「おでかけですか？」「ええ、ちょっとそこまで」なんて会話は、「情報がない！」「内容がない！」「する意味がない！」と思っているのです。

一般化するのは危険ですが、女性が男性に相談をもちかけると、「結論は？」「やるべきことは？」「正しいのはどちら側か？」という「最終判断」に必ずたどり着こうとする男性が多いです。

女性が「ただ話を聞いて欲しい」「相槌が欲しい」「共感して欲しい」と思っていても、「正しい結論は何か？」を語ろうとしてしまう男達です。

ざわんさんの夫はどうですか？

相談の時は「結論を出さないといけない」と真剣に思い込んでいるのですが、これがコミュニケイションになると「意味のあることを話さないといけない」となります。

つまり、「世の中への文句」が一番言いたいことではなく、一番なのは、「あなたとコミュニケイトしたい」ということなのです。

他の例だと、「相手の悪口を言ってコミュニケイトしようとする」というやっかいな人が、たまにいます。子供の頃は、好きになると「ケシゴムを隠す」「上履（うわば）きを踏（ふ）む」なんていうイジワルをして、好意を伝えようなんていう、今から思うと「正気（しょうき）か!?」と思えるようなことをしていましたからね。それが大人になっても続いている人ですね。（もちろん、「ただの悪意の人」もいますが、それは別の話です）

で、「会話したい」→「するからには、意味のあることを言わないと」→「よし、社会への文句だ」と思い込む人がいるのです。

この場合は、こちらから「どんな話題がコミュニケイションに相応しいか」を伝える必要があります。

相手が「世の中への文句」を言い出しそうになったら、またはひとしきり言った後に、さらっと、「最近読んだ本で、面白いのあった？」「最近、どこかのお店で美味しいもの、食べた？」「この映画、面白そうだよ」と、「こういう話題がしたいんだ」と具体的な指示で伝えるのです。

夫の機嫌が悪くならないなら、もっとはっきりと「なんか楽しい話はない？」「前向きな話、したいなあ」と、踏み込んだことを伝えましょう。

それでも、相手が「世の中への文句」を言い続けるなら、はっきりと「その話題はもういい」と言うしかありません。そのかわり、すぐに、別の話題を振りましょう。「世の中への文句」が嫌なだけで、あなたとはコミュニケイションしたいんだとアピールすることで、夫の不機嫌をコントロールするのです。

人は、大きなものを語って、自分を支えようとする傾向があります。大企業とか国家とか民族とか、小さな自分の反対を語ることで、自分に自信を持とうとするのです。ひょっとしたら、ざわんさんの夫も、自分の小ささを自覚しているから「世の中に対する文句」を言っているのかもしれません。

もし、そうだとしても、ざわんさんが「あなたとコミュニケイトしたいんだ。そんな大きな話じゃなくても、あなたと何気ない話をしたいんだ」と伝えれば、夫は大きなことを語る必要がなくなります。

この場合は、夫も「コミュニケイションが一番」なのですから、うまく導けば、ゆっくりと変わってくれるはずです。

さて、問題は二つ目のタイプで、コミュニケイションが一番ではなく、本気で「世の中への文句」が一番の人の場合です。

僕の周りにもそういう人はいます。理想というか正義というか、そういうものに燃えている人です。

問題は、「社会への怒りに燃えている人」は自分の思いをたっぷりと語った時点である程度すっきりしますが、聞かされた方は「重い課題」を渡されただけで、どうしていいか分からなくなることです。

最近は、そういう人を「正義マン」なんて言いますね。正義を語って、満足する人ですね。

ざわんさんの夫がこのタイプなら、世の中の文句を言うたびに「なるほど。で、あなたは何をするの？」と聞いて下さい。

ちゃんと感心したふりはするんですよ。これはとても大事です。

夫が今の政治や教育、事件に対して怒りをさんざんぶつけていたら、それを聞いた後、深く感心して「なるほど」と受け、そして「で、あなたはどうするの？」と聞くのです。

ここで相手が「怒るんだよ」とか「問題だろ」とか返してきたら、「そうじゃなくて、そこまで怒っているんだから、何かするんでしょう？　何をするの？」と、真剣に問いかけるのです。

で、もし、夫が口だけだったら（たぶん、そうだと思いますが）、「えー、何もしないんだ」と深く落ち込んだふりをしましょう。これも、大事です。「私はあなたを責めているんじゃない。あなたの発言に納得したからこそ、あなたがどんなアクションをするのか興味があったのに」という雰囲気をかもし出すのです。

夫が「世の中への不満」を語りだしたら、粘り強く「で、あなたはどうするの？」を問い続けて下さい。うまくいけば、だんだんと、夫の「世の中全てへの不満」は減っていくはずです。

それでも、全然減らず、それどころか「で、あなたはどうするの？」と繰り返して激怒しそうだったら、次の作戦に移ります。それは、「じゃあ、私が何をすればいいか教えてくれない？」と聞くのです。

「あなたの世の中への文句に私は深く納得する。だからこそ、この場の文句だけで終わらせてはいけないと思う。私に何ができるか教えて？」と、（あくまで下手に出て）聞くのです。

それでも、夫が不機嫌になったら、さらに次の作戦。

「じゃあ、私達に何ができるか、一緒に考えない？」に移ります。

もし夫が、ざわんさんの「で、あなたは何をするの？」という質問を正面から受け止めて、適切な社会運動に参加するようになるのなら、それはそれでいいことだと僕は思います。

そこでは、さまざまな発言やアクションが求められます。ざわんさんにだけ、世の

中の文句を言っている場合ではなくなるのです。

また、「自分の言葉が直接社会と結びついている」という自覚を夫は持つでしょうから、ざわんさんに語るエネルギーや動機も減ると思います。

どうでしょうか？　ざわんさんの夫は、どちらかのタイプですか？

どちらにしろ、それなりに時間はかかると思います。夫を不機嫌にしてしまうこともあるかもしれません。でも、どんなにぶつかっても、ざわんさんが「夫とコミュニケイションしたい」と思っている限りは、なんとかなるんじゃないかと、僕は思っています。

粘り強い戦いを応援します。

相談27

私が妊娠中に夫が浮気していたとわかり、夫への復讐ばかり考えてしまう自分がいます

38歳・女性　アンナ

半年前、ふと夫の携帯の暗証番号がわかってしまい、衝動にかられてメールを見てしまいました。そしたら3年前、私が妊娠中に浮気をしていたことがわかってしまいました。

本当にショックで、数日間はよく眠れませんでした。ですが、夫には言わずにいます。

つきつけたところで、幼児を抱えて離婚して、何のいいことがあるでしょう。私に生活力があるわけでもないので、貧困のシングルマザーに陥るだけで、夫が第二の人生を謳歌したらと思ったら、絶対そんなの許せないと思いました。

でも、どうしても許せないです。夫にどうしたら復讐できるか、そればかり考えて

しまう自分がいます。もしかして子どもにも悪影響を与えるんじゃないかと、自分でもこわくなりますが、おさえきれません。

私はこの恨みを抱えたまま、生きていくしかないのでしょうか。

……………

アンナさん。つらいですね。今までもらった人生相談の中でも、これはかなりハードなものだと思います。

アンナさんの状態は、昔の言い方だと、まさに「八方塞がり」というものですね。デッドロックというか、暗礁に乗り上げた状態ですね。

で、先に正直に言えば、僕はアンナさんの悩みを解決する名案が浮かびません。ごめんなさい。これだ！という名案は思いつきません。

でも、そういう時、僕はとにかくどんなふうに「八方塞がり」なのかを整理してきました。目の前に立ち塞がる壁を正確に描写することで、何かが見えてくるかもしれないと思っているのです。

まず、今のアンナさんは、「浮気が許せないから離婚したい」が、「生活力がないから貧困のシングルマザーになってしまう」と思ってますね。

「自分が貧困のシングルマザー」になって、「夫が第二の人生を謳歌したら絶対に許せない」と怒ってますね。

つまり、精神的には「離婚してもいい」と思っているが、経済的な理由で「離婚はできない」ということですか？

仮定の話ですが、もし、経済的に安心なら、アンナさんは離婚したいですか？　実家が裕福とか、アンナさんに充分な蓄(たくわ)えがあるとか、手に職があるとかで、経済的な見通しが立つなら、離婚ですか？　それとも、夫への恨みは、「離婚」という形で表すのは違いますか？

さて、次の質問です。

その浮気は、現在はどうなっていますか？　続いているようですか？　それとも、3年前の妊娠中だけの一時的なものでしたか？

現在も継続中の場合と、一時的な場合では、怒りのレベルは違いますか？　浮気は浮気ですから、怒りのレベルは変わりませんか？

妊娠中に夫が浮気をするのと、それ以外の時期にするのでは、怒りのレベルは違いますか？　妊娠中の浮気の方が怒りのレベルは高いですか？　それは何故(なぜ)ですか？

鴻上は何を聞き続けているのか?とアンナさんは思いましたか?

アンナさんを閉じ込めている壁をとにかく正確に描写しようとしているのです。つまり、自分は何に怒り、どういうことが許せないのかを、つらいですが確認したいのです。

続けますね。

今現在、夫との仲はどうですか?

どんどん冷えきってますか?

夫は、何も言いませんか?　半年間で急に態度が変わったアンナさんに、「どうしたの?」と聞いてきましたか?

もし、何も聞いてこないとしたら、アンナさんにそもそも関心がないということですか?　浮気を見つける前の関係はどうでしたか?　ラブラブでしたか?　すでにすきま風が吹いていましたか?

もし、この半年の間で、夫が「どうしたの?」と聞いていたとしたら、アンナさんは何て答えましたか?　夫が心配しているとしたら、そのことをどう思いますか?もう何とも思いませんか?　心配する顔が余計、憎(にく)くなりますか?

さて、目の前の壁を正確に描写することと同時に、自分の気持ちを正確に描写することも意味があると僕は思ってます。

この連載で以前も書きましたが、ある感情に振り回されている時、「自分はどうしてそう感じているんだろう？」と考えることは、一時的にであれ、その感情から自由になる方法です。少しでも自由になれば、自分にとって何が一番いい方法なんだろうと考える余裕が生まれるのです。

どうして許せないいんだろう？と考えたことはありますか？　何を当り前のことを聞くんだと思いましたか？　でも、「浮気で一番許せないことは何か？」を考えてみませんか？

アンナさんにとって、一番許せないことは何ですか？　メールの文章ですか？　妊娠中だったことですか？　相手の特徴ですか？　セックスをしたことですか？　裏切られたことですか？

さて、「復讐」についてです。どんな復讐をしたいですか？　どんな復讐が可能だと思いますか？　どんな復讐なら意味があると思いますか？　アンナさんが浮気をすること？　夫を暴力的に殴る(なぐ)こと？　こっそり料理の中にいけないものを入れること？　アンナさんは、どんな復讐を本気でしたいですか？　または、復讐したいという気持ちはあっても、どうしたらいいかまったく浮かびませんか？

考えましょう。とにかく、考えて、自分の気持ちと向き合いましょう。そうするしか、心を整理する方法はないのです。

「忘れよう」とか「許せない」というのは、考えてないですよ。それは「悩んでいる」んです。僕が何度も書くように「考えること」と「悩むこと」を区別するのです。「悩む」とそれだけで何時間も過ぎます。でも、何も「するべきこと」が浮かびません。頭も整理されていません。

「考える」と、とりあえず「やるべきこと」とか「仮の結論」が浮かびます。やってみて、間違っていたとしても、それは意味のある時間なのです。ひとつの仮説を潰し て、次の仮説にたどり着けるのですから。

もし、真剣に考えて「離婚したい。問題は、経済力」と結論したとしたら、長期にわたって「経済問題」を解決する方法を見つけていきましょう。

子育てとの両立は大変ですが「資格を取って自立できる経済力を目指す」とか「副収入の道を探す」「こつこつと貯蓄する」なんてことでしょうか。

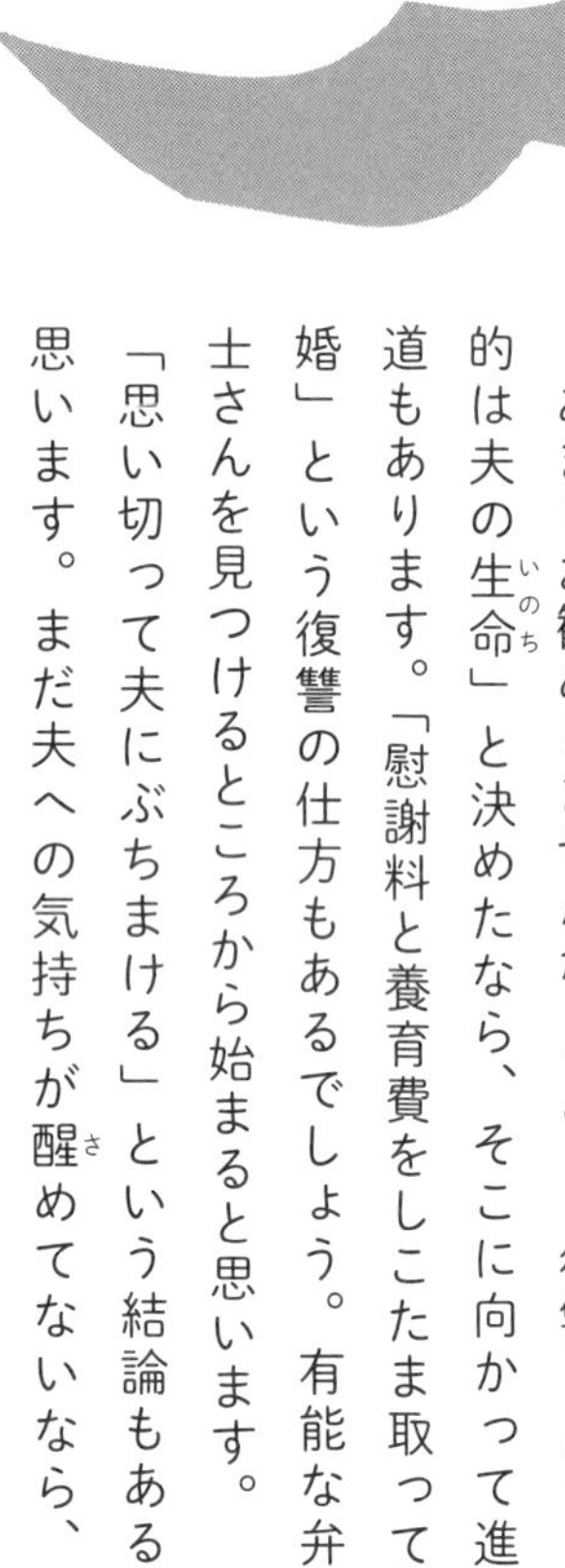

あまりお勧めしませんが、「よし、復讐しよう。目的は夫の生命」と決めたなら、そこに向かって進む道もあります。「慰謝料と養育費をしこたま取って離婚」という復讐の仕方もあるでしょう。有能な弁護士さんを見つけるところから始まると思います。

「思い切って夫にぶちまける」という結論もあると思います。まだ夫への気持ちが醒めてないなら、この方法もありだと思います。夫の前で、この半年間のつらさをすべて吐き出すのです。涙と鼻水と叫び声で、全部出すのです。もちろん、子供がいない時間にです。

「もう一度、やりなおしたい」とアンナさんが強く思っていれば、最後の会話になることはないでしょう。

僕が言えることは、「どうしていいか分からず、思いを抱え込んだまま、ただ苦しみ、憎み、恨むという毎日は、精神状態にとてもよくない。だから、どんな小さな結論でもいいから出してみませんか」というものです。

アンナさんの言うように、このままだと、子供に悪い影響が出てくると思います。

どんな結論を出しても、何が正しいかなんて分かりません。大切なことは、とりあえずの結論を出すことです。間違っていてもいいのです。それは人間関係の仮説です。仮説は検証していくものです。慌てず、焦らず、じっくりと考えて、仮説にたどり着いて下さい。

アンナさんの人生が前に進むよう、心から応援します。

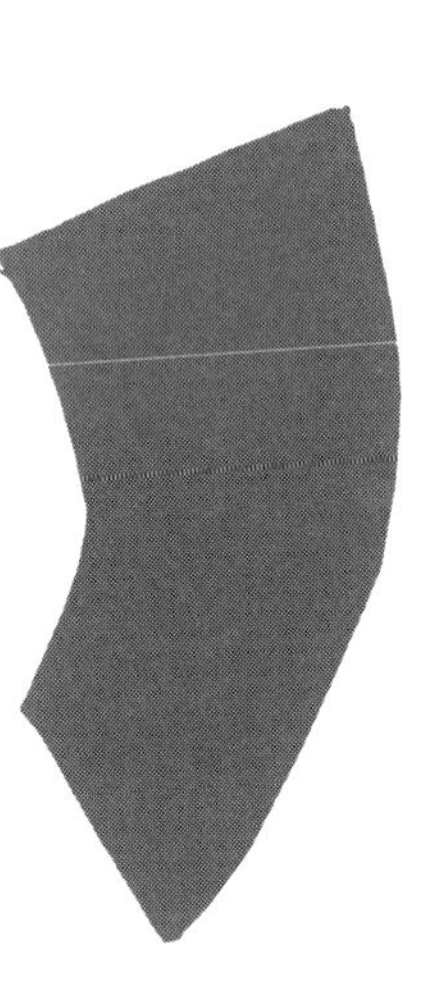

あとがきにかえて

2冊目の『ほがらか人生相談』の本です。1冊目と区別するために、『もっとほがらか人生相談』というタイトルにしました。「もっと」がつきましたが、すでに読んだ方には分かるように「ほがらか度」がアップしたわけではありません（笑）。

連載も2年目に入り、毎月、たくさんの相談が寄せられます。じつに、ありがたいことですし、全ての人の相談に回答できないことは、申し訳ないと思っています。

1冊目の『ほがらか人生相談』に書いたように、なるべく多様な相談に答えようとしています。ひとつの相談に答えたら、そのパターンで似たような問題の解決法が想像つくんじゃないかと思っているからです。

でも、じつは、例えば、「叶わぬ恋」の相談に答えると、翌月「叶わぬ恋」の相談がどっと来ます。

「毒親に苦しむ子供」の相談に答えたら、やはり、翌月、「毒親に苦しむ子供」の相談がどっと来ます。

僕としては、「う〜ん。この内容は、先月と同じなんだけどなあ。アドバイスは類推して欲しいなあ」と考え込みます。

どうして似た相談が来るのでしょう。

自分と同じような悩みを持っている相談者を知って、「こういう相談をしていいんだ」という勇気を得るからでしょうか。「私の悩みはこれだったんだ」と発見するからでしょうか。

連載としては、同じような質問に答えることは難しいですが、それでも、似た相談を送る行為には意味があると思ってます。

自分の抱えている問題を、文章にすることはとても大切なことです。

話すだけだと、「う～ん。親がね。親が、えーと」と口ごもり、相談相手が「何？　親がどうしたの？」「えー、なんていうのか」「ひどいの？」「まあ、そういう～、なんていうのか～」……と助け船を出し続けてくれていると、「自分がいったいどんな問題と向き合っているのか」が、いまひとつ、明確になりません。

でも、文章にすると、「そうか。自分はこういう問題を抱えているのか」と、はっきり分かります。

というか、はっきりと分からないと意味不明な文章にしかならないのです。

ですから、人生相談のために「文章を書く」というのは、問題解決のための重要な一歩なのです。

文章にしない場合、相談相手が、あまりにも優秀だったりお節介だったりすると、相談者の言葉を先に語ったりします。「それはつまり、母親に愛されなかったから、根拠のない自信を持てないということ？」と、心の中までちゃんと描写してくれたりします。

相談する方は「そう。そういうことなの！」と、その場では感動し、納得しますが、人からもらった言葉は、残念ながら忘れます。

演劇の現場では、お節介なおじさん俳優達が、演技に悩む若手女優の相談相手に積極的になろうとします。

おじさん俳優達は、それなりに経験を積んでいるのでアドバイスは的確です。若手の女優の悩みをちゃんと分析して、見事な対応策を語ります。

問題は、あまりにも見事に若手女優の問題を解決してしまうことです。若手女優が悩み、考え、のたうちまわる時間と経験を奪ってしまうのです。

それのどこが問題なのか？と思いましたか。

的確なアドバイスをもらい続ける若手女優は、やがて、自分の頭で徹底的に考え抜くということをしなくなるのです。

それはそうです。自分で散々考えて、間違った結論に達して、演技をミスるぐらいなら、手っとり早くおじさん俳優に聞いた方が楽だし、確実だし、効果的です。

自分で考え抜いている場合じゃないのです。

そして、アドバイスをもらい続けているうちに、時間が過ぎ、若手女優は若手ではなくなります。

そして、おじさん俳優達は、去っていきます。次の「若手女優」にアドバイスをするためです。

残されたのは、「自分の頭で考えたことない、もう若くはない女優」です。

ちょっとゾッとする悲劇でしょう?

いくつになっても、問題にはぶつかります。でも、おじさん俳優がその時その時にしてくれたアドバイスは、他人の言葉だったので、自分の中には残ってないのです。

そうなってはいけないと気づいた賢(かしこ)い若手女優は、最初の何回かおじさん俳優からアドバイスを聞いたら、後は、自分で考えようとします。

最初からまったく聞かないという若手女優もいますが、それだと、うまくいかない場合が多いです。

やはり、おじさん俳優達が教える「俳優人生と演技のコツ」は重要なのです。

が、それが何回か続けば、「ははあ。これは、あの時の問題と似ているぞ」とか「これは、あの時のアドバイスの正反対をやればいいのか？」と想像することができるようになります。

そして、自分の判断で行動するようになります。もちろん、最初のうちは失敗します。そんなに簡単には成功しません。ですが、自分の頭で考え抜くという習慣がつけば、やがて、正解にたどり着けるようになるのです。

僕は、演出家として、悩んでいる俳優が自分の頭で解決策にたどり着けるように、常に意識しながらアドバイスをしています。

僕が正解だと思うことを先取りして言わない、誘導尋問(じんもん)の形で答えを導き出さない、なるべく俳優が自分の頭で考えるように進める。

それで、俳優も僕も納得できる「よりよい解決方法」にたどり着ければ、こんなに幸せなことはない、と思っているのです。

『ほがらか人生相談』も基本的にはこのスタンスでやっています。

自分の頭で出した答えだけが、自分を本当の意味で動かすことができると思っているのです。

その手助けはできても、強制とか命令とか強引なアドバイスはすべきではないと思っているのです。

1冊目の『ほがらか人生相談』を出して、いくつか雑誌やネットのインタビューを受けました。インタビュアーの人は、「相談に答えた人からの返事はないんですか？」と必ず聞きました。

まったくないことはないですが、少ないです。今まで相談に答えて、その後、どうしたかを知らせてくれた人は、10人に満たない数です。

でも、僕はそれでいいと思っています。鴻上のアドバイスを読んで、自分の頭で考えて、やっぱりやめようと思うのも、このアドバイスは受け入れないようにしようと思うのも、まったく違うことをしようと思うのも、相談者の自由というか、判断だと思っているのです。

自分の頭でちゃんと考えて欲しい。それだけを思っています。考え抜いた結果、僕のアドバイスを無視することになっても、意味があると思うのです。

というわけで、2冊目の『もっとほがらか人生相談』の、どれかの相談が、あなたが自分の頭で考えるきっかけになるなら、こんなに嬉しいことはありません。

もちろん、その結果、あなたが幸せになるのなら、僕は本当に幸福です。んじゃ。

鴻上尚史

＊本書は月刊誌「一冊の本」
およびニュースサイト「AERA dot.」に
2019年4月～12月まで掲載された
同名タイトルの連載を一部修正し、
新規原稿を加えたものです。

イラストレーション
佐々木一澄

ブックデザイン
鈴木成一デザイン室

校閲
若杉穂高

編集
内山美加子

鴻上尚史

（こうかみ・しょうじ）

作家・演出家。1958年、愛媛県生まれ。早稲田大学卒。在学中に劇団「第三舞台」を旗揚げ。95年「スナフキンの手紙」で岸田國士戯曲賞受賞、2010年「グローブ・ジャングル」で読売文学賞戯曲・シナリオ賞受賞。現在は、「KOKAMI＠network」と「虚構の劇団」を中心に脚本、演出を手掛ける。ベストセラーに『「空気」と「世間」』、『不死身の特攻兵〜軍神はなぜ上官に反抗したか』（共に講談社現代新書）、近著に『「空気」を読んでも従わない〜生き苦しさからラクになる』（岩波ジュニア新書）、『鴻上尚史のごあいさつ 1981-2019』（ちくま文庫）などがある。Twitter（@KOKAMIShoji）も随時更新中。月刊誌「一冊の本」（朝日新聞出版）、ニュースサイト「AERA dot.」で『鴻上尚史のほがらか人生相談〜息苦しい「世間」を楽に生きる処方箋』を連載、また同タイトルの書籍も発売中。

鴻上尚史のもっとほがらか人生相談
息苦しい「世間」を楽に生きる処方箋

2020年5月30日　第1刷発行

著者
鴻上尚史
発行者
三宮博信
発行所
朝日新聞出版
〒104-8011 東京都中央区築地5-3-2
電話 03-5541-8832（編集） 03-5540-7793（販売）
印刷製本
中央精版印刷株式会社

Published in Japan by Asahi Shimbun Publications Inc.
ISBN978-4-02-251684-8
定価はカバーに表示してあります。

落丁・乱丁の場合は弊社業務部（電話03-5540-7800）へご連絡ください。
送料弊社負担にてお取り替えいたします。